私にとっての介護

岩波書店編集部 編

私にとっての介護

生きることの一部として

岩波書店

はじめに

公的介護保険制度がスタートして、今年で二〇年になります。介護を個人や家族に押しつけず、社会全体で担うことを目的として日本でも創設された制度ですが、その理念は十全に実現されてきたと言えるでしょうか。さらに来年二〇二一年には介護保険法の大幅改定が予定されており、今後、介護保険のサービス抑制が危惧されています。

また、障害者福祉も二〇〇〇年代に入って介護保険と同様に「措置から契約へ」と転換し、サービス提供者と当事者との契約に基づくことになりました。二〇一三年施行の障害者総合支援法は、サービス利用にあたって応能負担原則を撤廃したものの、新たな負担が生じています。

少子高齢化や人口減の危機が高まり、年金制度など社会保障全体の後退にたいする将来不安も増すなか、介護やケアは、誰にとっても「生きることの一部」であることが広く意識されるようになってきたのではないでしょうか。それは高齢者や、障害のある方の介護にかぎりません。病気やけがなどいくつかの要因が組み合わさることで、複合的なケアが求められる局面も増えていくはずです。どうすれば社会全体で支え続けられるか、という共通した課題のもと、これからは介護が、よりいっそう多様なかたちで営まれていくはずです。

このように、生きることの一部としての介護やケアという観点から、このたび各界の四〇人にご自身の経験や見聞をふまえて「これだけは言いたい」ということ、考えや提言を寄せていただいてつくったのがこの本です。

現在進行形のさまざまな状況で生きる介護・被介護当事者。その人たちの力になりたい人。介護のしくみや制度をもっとよいものにできないかと考え、行動している人。介護の日常から人生の意味や家族との関係を見つめなおす人。表現活動をとおしてメッセージを発してきた人。介護やケアとは何かという問いから、人間にとって生とは何か、またこの国や社会のあり方を論じる人……。多くの視点からなる体験記、そして問題提起となっています。

誰にとっても他人事ではない介護やケア。これからどうしよう、何から考えればよいかと思案中の人にも、いま介護生活のただ中に身を置きながら、もやもやした気持ちを抱えている人にも、さらに行動のための実践的なヒントを得たい人にも、本書がその助けとなることを願っています。

岩波書店編集部

二〇二〇年一月

目次

IV

V

I

毒蝮三太夫
小山明子
森川すいめい
沖藤典子
渡邉琢
小谷真理
木村英子
金満里

介護地獄にならないように

毒蝮三太夫

オレ自身は介護の経験はないし、介護のことをきちんと勉強したわけでもないんだ。でも、外に出て中継する「ミュージックプレゼント」というTBSラジオの朝の番組を五〇年もやっているうちに、自然と多くの年寄りと話をするようになったわけ。それで門前の小僧習わぬ経を読むじゃないけど、介護のことや年寄りのことがよくわかるようになっちゃった。そのうち、年寄りの専門家みたいに言われるようになって、介護に関する仕事の依頼もくるようになったんだ。

二〇年ぐらい前からはNHK Eテレの番組「介護百人一首」の司会をやったり、あの日野原重明先生が審査員長だった「ニューエルダーシチズン大賞」という、七〇歳以上で新しいことに挑戦している人を表彰するイベントの審査員を務めたりしてきた。二〇〇〇年に介護保険制度が始まるときは、聖徳大学に介護福祉コースを新設する話があり、縁あって客員教授を頼まれた。「介護福祉コミュニケーション論」という授業で、年寄りとのコミュニケーションの取り方を教えてくれというんで、いまでも女子学生を相手に続けてる。

オレにとっては、お袋の影響も大きいな。お袋は明治生まれの江戸っ子で、学校も出てないようなたぬきババアだけど、よく聞かされた言葉がある。「人のお世話にならぬよう。人のお世話をするように」。これはオレの座右の銘になったね。もう一つ。「病気の人を見たら、声をかけるんだよ。その人はお前と関わりがあるんだから。なぜって、お前の代わりにその人が病気になったんだ。代わりに背負ってくれてんだから」と。思えば、これも一つの介護の考え方だよね。

そんなオレがまず言いたいのは、介護は一人じゃできないんだから、一人でかぶらない。一人でしょいこまないこと。そして誰かに助けを求めることは恥ずかしいことではないということ。介護うつや介護離職も大変だけど、一番悲惨なのは、介護心中とか介護殺人だね。これが一番の悲劇。そういう悲劇をなくすためにも、もっとみんなが介護のことを深く勉強しないと。

これから介護する人は、ケアマネージャーだっているし、民生委員もいるし、隣近所、きょうだい、家族もいるんだから相談すればいい。病気なら退院もあるけど、介護には終わりがない。相手が亡くなるまで続くんだから、一人でしょいこんだらトンネルに入って出られなくなるよ。

一番大変なのは認知症だね。内臓とか血管とか他の病気と違って、治らないのが認知症。特効薬はないし誰でもかかる可能性がある。オレだってなるかもしれない。遅いか早いかの違いだ。

認知症介護の何が大変かって、なかなか認知症というものを理解できないことだね。ご飯を食べたのに「まだ食べてない」。「あなたあたしの財布盗んだでしょ」とか。急に亭主や奥さんが言い出すかもしれない。でも誰だって認知症になりたくてなったわけじゃないよね。運が悪いだけ。介護する人は、つい大きな声を出したり、怒ったり、乱暴なことをしがちけど、相手にとってはそれが一番イヤなことなんだ。だって病気なんだから。本人はわからない。その人がわからなくなっているということを理解してあげる。相手の立場を理解することがまず大事だと思う。

もう一つ大事なのは世間の目、社会の理解だね。NHKの番組で聞いた話だけど、それまで元気にやっていた夫婦の奥さんの方が急に認知症になっちゃった。旦那は介護離職だ。そんな彼が一番つらかったのは女物の下着を買うときだったって。五〇ぐらいのおっさんが女性の下着売り場に入ると変な目で見られる。世間の理解の目がないわけだ。それで、彼は思いきってお店の人に事情を話したんだ。すると、向こうは初めて「ああ、それはごめんなさい、変なオヤジが来たと思ってたのよ」と……。そういう事情は話しづらいだろうけど、伝えちゃったほうがいい。

その旦那は、あんまりつらいから、心中を考えたというんだ。介護には先がない。これがいつまで続くかわからない。いっそ、自分が苦労をかけてきたこの掛け替えのない女房を殺して、自分も死のうと。そのとき、ハッと気がついたのは、殺すったって、女房が憎いわけじゃあない。病気が憎いんだ。だから女房を殺せばいいってもんじゃない。それなら女房と二人で病気を憎もう。病気と闘おう。そう思ったそうだ。

介護をするのに必要な「三つのK」というのがあるんだね。経験とコツ、それに心。これが三つのKだ。やっぱり心がないと介護はできない。

介護って、実際に触れあって、顔を見て、相手の顔色、機嫌、健康状態をそのつど把握しながらやる。人間同士がフェイス・トゥー・フェイスでじかに関わる最たるものだよね。いまはスマホだAIだと便利で効率のいいもの、文明の利器が全てを席巻しつつあるけど、それで本当に幸せなのか。少なくとも文明にあまりにも頼りすぎてないか。逆にそんなふうに人間が問い返されている時代だと思うね。文明が文化を駆逐している。その意味では、もう一回、人間の原点に立ち返ったほうがいいよ。AIやロボットに介護はできるのか。ある介護利用者が言ってたもの。「ロボットの手はあったかいの?」って。

それと大きいのは給料とか待遇の問題だ。最近、聖徳大学の介護職志望の学生さんも減ってきたね。そりゃそうだ、他の仕事に就いた同級生より毎月一〇万円も給料が低いってんだもの。日本の介護職は、給料が低すぎるんだ。これじゃ結婚もできないって、学生もわかってきたんだね。すでに介護職に就いている人も続けられなくて辞めちゃうことが多いし、このままでは介護職をめざす若い子たちはますます減っていく一方だよ。

まず介護を受けなくてもいいような年寄りをつくる。と同時に、介護職の給料を上げて待遇をよくする。いまの倍ぐらいまで上げてもいい。この両輪でやっていかないと、超少子高齢化の日本に待っているのは、老人天国どころか、老人地獄、介護地獄ですよ。

日本が今後、文化国家、福祉国家であることができるか。このままじゃ無理だね。オレが提案したいのは、六〇歳過ぎて定年を迎えたような人に、介護のライセンスを与える仕組み。第二の人生として介護をやりたいという人はけっこういるし、三つのKを十分にもち、介護の上手な人も多い。そういう人たちに、民間で介護を一〇年経験したら、ヘルパー一級とか二級とか国家資格を与える。そういう法律なり制度なりをつくって介護職の裾野を広げれば、今度は若い人たちもそういう年寄りから教えてもらえる。そうすれば裾野はさらに広がるよね。

ＡＩに頼ったり、難しい日本語の習得から始めないといけない外国人の働き手に期待する前に、まだまだやれることはあるんじゃないか。オレが厚生労働大臣だったら、介護職のライセンス制度、やりたいなあ。

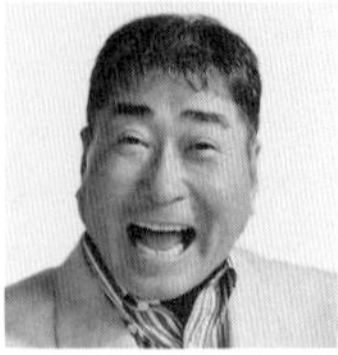

どくまむし・さんだゆう　一九三六年生。俳優、タレント。パーソナリティーとして活躍するＴＢＳラジオの生放送「毒蝮三太夫のミュージックプレゼント」は開始から五〇年を越えた。聖徳大学客員教授も務める。

撮影：福地憲一（福地写真館）

介護の現実をタブーにしない

小山明子

一九九六年二月に映画監督である夫の大島渚が脳出血で倒れ、二〇一三年一月に亡くなるまで一七年間、入院期間を除き、自宅で介護をしました。彼が六四歳、私が六一歳で、二人ともまだ一〇年は仕事ができると思った矢先の、思いがけない出来事でした。

倒れた直後、病状を興味本位でマスコミに書かれることを避けるために(夫は新作『御法度』を準備中で、不用意な情報漏洩は映画の制作に関わることでした)、イギリスで倒れた彼のもとに駆けつけられなかったこと。快復せずに新作映画が中止になってしまうのではとの恐れ。糖尿病の気があった夫の食事にもっと気を遣うべきではなかったかという後悔。帰宅後に始まった一日一二〇〇キロカロリーの糖尿病食の準備などのプレッシャー。それらに苛まれ、私は「自分はダメな人間だ、妻失格だ」という強い思いに支配されていき、鬱病になりました。

鏡を見ると自分でビックリするほど身なりに構わなくなり、体重が一五キロも落ちてしまいました。そのうちに夫の世話自体ができなくなるほどになり、入院。その間も、「自分こそが世話をしなければならないのに」との罪悪感が抜けません。死んでしまいたいという気持ちも強く、服薬しながら克服するまでに四年かかっています。

その後、自分の鬱病も含めた介護の記録を出版してはとの依頼があり、躊躇はしたのですが、思い切って書き下ろすことになりました(『パパはマイナス五〇点』二〇〇五年刊)。当時は私のような他人様の前に出る仕事の者が、夫の日常生活の困難、それも、下の世話まで含めた赤裸々な状態を公表することは稀だったと思います。本を書いたことは多くの新しい出会いを運んでくれましたから、本当に先のことはわかりません。

大島の身体機能のリハビリは、神奈川県藤沢市の自宅と大磯の大学病院とで切れ目なく続きました。言葉が出てこず、彼はまったく昔の彼ではなくて、私のほうが絶望感に陥りました。でも大島は自分がどうなったのかを受け入れていました。お医者さまによると、それはなかなかできることではないようです。右手は最期まで効きませんでした。でも左手で「夢」の一文字を書いたときは嬉しかったです。

私は初め脳出血の再発を恐れて、呼ばれれば他に何をしていても中断して大島のもとに駆けつけていました。いま思えば、こんな状態が続けば心身ともに参ってしまいます。やがて水泳教室に通ったり、一筆画《いっぴつが》のお稽古事を再開するなど、自分の時間をつくるようにつとめたのが、結果的にお互いにとって良い方向に向かったと思います。

一七年間の介護と言いましたが、映画も撮り終わり、二度目に夫が倒れたときが本当の介護の始まりでした。二〇〇一年一一月、十二指腸潰瘍穿孔で倒れ、集中治療室に入ったのです。もうダメかもしれない。でも、私は以前と違ってかなり冷静で、万一の場合どうすべきかも考えていたのです。

大島が初めて口から水が飲めたのは四カ月後。その後、家族同様のお手伝いさんが心筋梗塞で倒れ、私は一人で二人の世話をする身になりました。その頃に、みっともないところは見せられないという自分の女優意識、彼は監督なんだという自分でつくっていたバリアがなくなって、自分たちはただ、一人の人間とそれを介護する人、というふうにふっきれました。二つの病院と自宅の往復、衣類の準備、食事介助の毎日です。

近隣のゴミ出し当番の私が、近所の方にふと事情を説明すると、不在時の荷物預かりをしてくださったり、「ちゃんと食べてないんでしょ」ということになって、朝食にお誘い下さるまでになりました。私は夫の介護が始まるまでは、地域の方たちとはまったく接点がなかったのに、こんな頼り頼られる関係が生まれるなど、想像もしていなかったことです。最近は介護をテーマに講演にお呼びいただくことも多いのですが、私が強調しているのは、介護は一人で抱え込まない、ＳＯＳを出すんだ、ということです。

大島の介護認定判定は「要介護5」で、全面的な介助が必要でした。自立歩行ができず、おむつが常用になったため、苛立つ夫に荒げた声を向けられることもありました。でもそんなときもユーモアで返すことができるようになりました。動けない体を受け入れた大島も、穏やかな日々を送るようになりました。介護保険の枠を目いっぱい使って、ヘルパーさんに来ていただきます。そこでの秘訣は、自分がこうしてほしいということを、必ず自分でやって見せることです。遠慮はせずに、はっきりわかりやすく伝えるように心がけていました。

車椅子の夫と一緒に、いろんなところに行きました。回転寿司やお花見、映画を見に行ったこともありますし、二〇一一年には大島の京都大学の同窓会にも参加できて、本当に良かったと思っています。綿密に組んだスケジュールが無事に、楽しく実現して、その充実感から、私はこの人のためでなく、すべては自分のためにやったんだ、とわかりました。介護が必要であっても最初から「あんなところには行けない」「無理」「病人に○○させるなんて」と決めずに、道は開けると考えていただければと思います。何より大事なのは介護される人の気持ち、幸せだと思っています。

私が介護に潰れなくなった頃、夫に「私と結婚してどうだった？」と聞いたとき、大島は「得した」と言いました。ずいぶん実際的で面白い、大島らしい一言です。

最近よく思うのは、映画は残るものだな、ということです。若い頃に出演した映画の数々、大島と苦労しながらつくった作品たち、それらを見て限りなく懐かしいとともに、今できること、今しかできないことを毎日重ねていきたいと思っています。

こやま・あきこ　一九三五年生。女優、エッセイスト。出演映画に『日本の夜と霧』『少年』など。著書『パパはマイナス五〇点』で日本文芸大賞エッセイスト賞受賞。

そのことばのある世界

森川すいめい

「おめでとう。あなたに先生が生まれましたね。大人になるとね、誰も何も言ってくれない。だけどね、子どもだけが言ってくれるのですよ」

あるお年寄りがそのように話しながら私の手をとって強く握ってくださった。初めての子ども誕生という私の不安はじきに解消された。私に人生の先生が誕生したのだ。

私はお年寄りとよく会う。私に子どもができたと知ると皆さんがとてもよく祝ってくれて、そしてそのことばひとつひとつがこころに残った。祝ってもらうという体験はとてもうれしく、そのうれしさが私に他者を祝うことの喜びを教えてくれた。愛されることを体験することによって人を愛することができる。私が熱を出したとき、私が財布をなくしたとき、私が落ち込んでいるときに、私のそばにいて大切にしてくれる人たちがいたことが私の今を支える。

高齢、介護、認知症というものとともにあるその人と、その人のご家族の中で、何度か会話を重ねていくのが私の仕事だ。仕事を始めたころは、認知症というものを正しく診療して、正しいケアの方法を教えて、認知症の進行を予防したり行動・心理症状に効果があるという薬を適量処方したりすることで助けになると思っていた。

今はなんというか、ようやくというか、その人たちの人生の傍らにいられることに感謝している。

認知症。記憶に関わる部分の力が低下する中核症状と、認知症に伴う行動・心理症状(BPSD: Behavioral and Psychological Symptoms of Dementia)というものがあるとされる。ＢＰＳＤには妄想、不眠、幻覚、不安、抑うつ、攻撃性、徘徊、不穏などがあるとされ介護保険の医師意見書にもＢＰＳＤに関するチェック項目がある。

私は、こうした「診断名」というものを、できるだけご家庭に持ち込まないようになった。最初は現在の困っていること、そして次にこれからの不安に思うことを一つ一つお聴きするし、認知症に関しての話が主になる。しかしながら認知症という診断名が主役になってしまうと、治療とか予防とか正しいケアなどが主役になって、本人やご家族がそれまで大切にしてきたことを置き去りにしてしまうように感じる場面が多くあった。これまで得てきたものを失う病、今までできていたことができなくなっていく病、新しいことが覚えられず何度も同じことを聞いてくるという病、そんな「病」という概念をいったん脇に置くことができるかどうか。

「子育てなんて簡単よ、本人に聴けばいいんだから」

宝のようなことばが世界にある。認知症だからということからかあまり話を聴いてもらえなくなっていた方が会話の後で、

「こんなに優しくしてもらえたのは初めてです」

とずっと涙を流していたことがあった。家族も一緒に涙を流していた。

その人に人生の歴史があり、その周りの人との関係性に歴史があり、ただそのことをそれぞれの言葉としてその場で聞いていくと、あるとき認知症というものは脇役になる。

認知症七〇〇万人とか、超高齢社会とか、だから地域全体で助け合わなければならないとか、お金のこととか、労働力の問題とか、問題点ばかりが指摘され、だから本人たちもご家族も、その問題に慄《おのの》く。

私が認知症になったらどうしてほしいだろうかと私はご高齢の方とお会いすると思うことがある。何度も同じことを聞いてしまうかもしれない。財布がなくなったと思いこんで毎日焦りまくっているかもしれない。そのことで家族が迷惑がってしまうかもしれない。迷惑そうな顔色はすぐにわかるだろうけれども、私はきっとどうして迷惑がられているのかがわからないだろうと思

う。自分はそういう家族の反応に対して怒らずにいられるだろうか。できたら怒ってしまって傷つけることだけは避けたいから、家族には私が同じ質問をしたら毎回新しいことのようにして説明してほしいと言っておこうと思う。だけれども何度も同じことを質問して迷惑をかけるという
ことにはなりたくないから何度もきかなくてもいいような仕掛けを発見してほしいと言おう。

工夫。

「忘れちゃうんじゃないんです。覚えられないんだなって。だから聞かれる前に先に言うようにしたの。質問してくることはだいたい同じだから」

「ごはん食べたか？って何度も聴くから、食器片づけないようにしたんだ」

「ひとりになると不安になっちゃうだけのことなんです」

ご高齢の方が社会でたくさんになる。たくさんの宝の言葉をもつのである。それはなんとわくわくすることではないかと思う。

「その人が困っていたらね、即、今、助けなさい」

「なるようになる」

「学徒動員。屋根のない防空壕に入って、目の前で戦闘機の銃によって友人が死んでいきました」

「正しいということがあるから間違っているというものが生まれるのです」

「初めてこの年になりました。わからないことだらけです。いろいろな発見があります」

そして、ある女性はいつも、

「じっちゃんのことが大好きだった」

と言っていた。

生きていくことにおいて何が一番大事なのか、それを教えてくれるのだ。私はどうしていこうか。

もりかわ・すいめい 一九七三年生。精神科医。著書『その島のひとたちは、ひとの話を聞かない』『漂流老人ホームレス社会』ほか。

介護政策の充実と優しいまなざし

沖藤典子

世の中には実態が変わったのに、意識は変わらないというものがたくさんある。介護もまた、「介護労働」の部分は軽減されてきたが、「介護感情」には変わらない部分も多く、社会通念に苦しんでいる人は今も多い。夫婦間介護とて例外ではない。

夫の介護は、入院が長かったことや、私も七〇代半ばと体力があったせいもあり、介護労働そのものによる疲労はほとんどなかったといっていい。在宅介護でも要介護3の介護サービスを目一杯に使えば、生活は順調だった。大便や尿の始末がなかったこともありがたかった。問題は「介護感情」だった。過去のあれこれの夫婦の確執が噴出した。そこにのしかかったのが、医療者や友人などからの差別的発言や暴言だった。

一年以上も誤診したあげく、レントゲンをよく見ようと顔を近づけた私に、整形外科医は、「邪魔です。外に出てください」といった。この頃夫には軽い認知症があり、ネット詐欺の被害で弁護士対応を必要とする状態にあり、医師の話を充分に理解できるとは思えなかった。しかし、本人の前でそれを伝えることはできず、いわれるままに診察室を出た。数カ月後かかっていた脳神経内科の医師は、もう症状が改善したと夫に一人でタクシーで行ってもらったところ、それが気に入らないと電話で怒鳴ってきた。看護師や介護関係者にも、上から目線を感じた。

さらに驚いたのは、周囲の人たちの言葉である。夫の病気(閉塞性動脈硬化症)の原因は、「あなたが働いていたからよ」といった同業女性。夫のアルコール依存症は「おいしいもの食べさせないから」「愛情が足りないんじゃない?」「夫婦は愛の二輪草」「もっと辛い人がいるわよ」等々。夫がネット詐欺に引っかかった時は、「あなたの旦那さん教育が悪いから」といった男性もいた。これらの言葉は普段私がどう見られていたかを知る、良き鏡だった。ある作家は「物書きの女房なんか最低」と、最初から世間様に頭を下げている。こういう知恵を私も持つべきだった。

世の中には、「病気や要介護の原因は、介護者にある。だから苦労して当然」という無言の戒めがあるのだろうか。介護にはいまだに、昔の社会通念の深い闇、残滓があると知った。じつは、こういう精神的な辛さは、その後知人など何人かから、聞かされている。みんな密かに悔しさや辛さを胸の奥にしまい込んで、人に語ることもなかったという。中には、「自分の至らなさ」だという自罰感情に、長い間苦しんでいる人もいた。

そんな私が驚くほど褒められたのは、夫の在宅介護を始めた時だった。

「偉いわね。旦那さん、喜んでいるわよ」

しかしこれには、金銭上の打算もあった。在宅介護にすれば、私の無償労働のおかげで、要介護3の一カ月の費用は、入院時三三万円の一〇分の一、三万円強になった(当時は一割負担)。夫は保険嫌いで、入院保険にも死亡保険にも入っておらず、預金は見る間に減っていった。長期入院は残る者の老後生活を脅かす。

自宅生活になって、夫はたちまち人間の表情を取り戻した。入院中の焦点の合わないような目に光が戻り、頬全体が引き締まって活気が出てきた。これが〝わが家の力〟というものか。退院の日は嬉しくて朝三時に目が覚めたという。いい決断だったと思った。

とくに、デイケアとデイサービスは当初「どうせチーチーパッパ歌わせるんだろう」と夫は小ばかにしていたが、いざ行ってみるととても楽しかったらしく、いつも朝早くから玄関で迎えの車を待っていた。人の集まりに出る社会性が、いかに人を元気にさせるかということを痛感した。

ところが、在宅復帰後二二日で急逝した。急性心不全だった。驚きと後悔、思いは複雑である。八〇歳と一カ月だった。五年経った今でも、退院が早かったのではないか、ケアプランに無理があったのではないか、何が原因だったのか、考え込むことがある。

今私は一人暮らしである。

「夫の時には「私」がいた、私の時には「私」がいない」

周知のように、介護保険は実施されてほぼ二〇年になる。

この間、二〇〇四年から始まったのが「介護給付適正化事業。軽度者はずし」。とくに人気のある生活援助が標的にされ、厚生労働省社会保障審議会介護給付費分科会などでも、「国の金でメシを食っていいのか」「自立支援になっていない」などの発言が相次いだ。生活援助は、身体上の証拠が見えにくいが故に、厳しい利用制限を受けた。

目下の議論は、二〇二一年からの介護保険法改正と介護報酬改定である。その中で出ている主な案は、要介護1、2の人の「生活援助」と「通所介護」を、介護保険からはずして地域支援事業にする、現在高額所得者には、二割、三割負担があるけれど、すべての利用者負担を原則一割から原則二割にする、さらに、居宅介護支援専門員(ケアマネジャー)によるケアプランを有料にするというものである。二〇一九年一一月二七日にはこれらの「見送りが検討されている」と報道されたが、今後も注視が必要である。

介護保険は使いにくいものになっていくのではないだろうか。「介護の社会化」という当初のスローガンは宙に浮き、費用負担の苦しさから家族介護に揺り戻しがくるように思えて不安である。その時の家族とは、ほとんどが老いたる妻である。子どもといえども、初老期にさしかかっている。「老老介護」、認知症の人が認知症の人を介護する「認認介護」である。

私は夫の介護の時、介護保険に助けられた。その一方で、前述のように要介護になった原因は「あなたにある」というような発言に傷つきもした。介護が社会化されても世間様の残滓として、人々の心に巣食っているものがある。

介護には、どんなに軽度でも、さまざまな身体疲労と精神的な葛藤がつきまとう。これらを抱えて介護している人たちへの心の応援もまた大切だ。介護政策の充実と、周囲の優しいまなざし、これらが、超高齢社会を乗り越えていく道筋の灯火だと思う。

私も老いを生きていく中で、身を引き締めてこの二つに心を寄せていきたいと思う。

おきふじ・のりこ　一九三八年生。ノンフィクション作家。元社会保障審議会委員。高齢社会をよくする女性の会副理事長。著書『それでもわが家から逝きたい——在宅介護の現場より』『老妻だって介護はつらいよ——葛藤と純情の物語』ほか。

沖藤典子

感情の臨界点
――障害者介助や子育ての経験から

渡邉 琢

先日、自転車に乗って歩道をちんたらと走っていると、見知らぬおじさんから呼び止められた。道でも聞かれるのかなと思い、自転車を止めると、突然、「ここ、通行禁止！」と厳しく咎められた。確かに通行禁止かもしれないが、法令運用上はグレーゾーンだとも思うので、そんな言い方はないだろうと考えているうちに、「あなた日本人？ 日本語わかる？ ドント・ラン！」と侮蔑気味にたたみかけられた。そのとき、ぼくの心の中が大きくグラついた。いわば、突然ぐわっと胸ぐらをつかまれ、激しく揺さぶられ、このまま抵抗せずにいると、自分が自分であることを保てなくなるような感覚だった。そして、とっさに大声で叫んでいた、「うるせえ！」と。

思えば、その前日、ちょうど同じような経験をしたところだった。とある知的障害の方が、ふとしたきっかけで感情のコントロールを効かせられなくなり、ついにはぼくの人格も否定するかのように「なんやねん！　バカァ！　ボケがぁ！」とぼくに向かって叫び声を上げたのだ。そのとき、ぼくの心の中は激しく動揺した。同じような口調で言い返したくもなった。しかしそこはこらえて、なんとか丁寧な対話をしようとゆっくりと声をかけた。彼も、言ってしまったことを後悔したようだ。

彼は、些細なことですぐにイライラする。いわば、感情の臨界点がきわめて低い（専門的には易怒性が強いとでもいうのであろう）。イライラすると、まわりのほとんどすべての人が敵に見えてくるようで、彼は死にものぐるいでその（幻の）敵と闘う。それが、まわりの人に対する「うるせぇ！　ボケがぁ！　帰れぇ！」などの言葉となって現れる。彼自身としては、巨大な敵たちから胸ぐらをつかまれ、激しく揺さぶられる感覚に囚われているのであろう。そしてそれをふりほどこうと抵抗することで、先のような聞くにたえない言動となる。しかし、まわりの人からすれば、自分にほとんど非がないのに彼の感情の爆発のとばっちりを浴びているわけで、その爆発にさらされ続ければ、まわりの人たちも自分で自分を保てなくなるような感覚になっていく。通常は落ち着き保たれていた感情の平衡感覚がダメージを受け、爆発寸前となっていく。

この知的障害の方とは、その日、それから一時間近く話し、夜になってからは電話でも話をした。彼は最近「イライラが見えるようになった」と言っていた。イライラに囚われ我を忘れて暴発していた数年前に比べたら、「イライラが見える」ようになってきた、というのは大きな前進とも思う。それはそれとして、ぼくの感情の平衡感覚はやはりダメージを受けていた。翌日、見知らぬおじさんに呼びとめられ、突然咎められつつ侮辱気味に声をかけられると、先の通り、簡単に感情の臨界点に達してしまった。

こうした感情の臨界点のようなものについて考えるようになったのは、実はここ数年のことで、きっかけの一つは子育ての経験だった。確か子どもが二歳くらいのとき、とても調子が悪く長い時間「ギャァギャァァ！」と激しく泣き叫んでいた。うんちも漏らしていた。うんちの始末をなんとかしようとするが、じっとしてくれないので拭き取ることができない。泣き叫びながら暴れるので、ズボンにも手にも床にもうんちが擦り付けられていく。子どもの絶叫の中で、頭と身体がくらくらして、ぼくは思わず、思いっきり自分の拳で床を殴りつけていた。そして「いいかげんにしろよ！」と怒鳴っていたと思う。自分がこんなにもどうしようもなくなったのは、ほぼ初めてのことだと思った。

その後、このときに現れた自分の中の不気味なものについて、他の子育て経験者たちと話す機会があった。その人たちは、こう語っていた。「子育てって、これまで知らなかった自分に出会うよねー」「そうそう、あるあるー。まだまだこれからだよー」。ぼくの中で制御不能だった不気味なものは、こうしてぼくの目の前で、他の人とも共有可能な不気味なものとして捉えられるようになってきた。「これまで知らなかった自分」といかにどう付き合うか、それが子育ての一つの醍醐味でもあるようだった。

介助にしろ、子育てにしろ、それらはたいていのどかな日常生活の中に営まれているものだ。だが、人間関係に危機をもたらす「不気味なもの」が私たちの中に現れることも往々にしてある。厳しい状況の中で身体的、精神的に不安定になれば、子どもも大人も老人も、人は自分で自分を保つのが難しくなる。イライラしやすく、怒りやすくなり、まわりの人への不信感も生まれてくる。そしてそのイライラや不信感は伝播する。人間不信の悪循環がはじまる。こうした悪循環を招くイライラや不気味なものは言葉にされがたく、日常の中では把握されがたい。でもだからこそ、それはケアする側・される側に関係なく、介助や子育ての現場にいる人すべてが、多かれ少なかれ取り組むべき課題であるし、またそれらの現場から遠く離れている人たちにとっても、見逃されてはいけない課題である。

「不気味なもの」はある種の人間関係にまき込まれたら誰の中にだって生じる。泣き叫びやすい乳幼児の頃に限らず、人生のさまざまな局面で、私たちはこの不気味なものに襲われる。そのことで、自分で自分を制御できなくなり、自ら傷つき、また人を傷つけてしまうことだってある。それは自分一人では制御できず、第三者を含めた他者の関わりや支えの中で、初めて受け止められ、各自の人生の中に統合されていくようなものだ。

閉鎖的環境においては、感情の臨界点を超えて現れる不気味なものは、人間関係に負の影響を及ぼし、ときにその人間関係に大きな傷を残す。多くの人はその不気味なものを見たくないし、なかったものと考えたがる。けれども、そのとき逆に多くの人たちが、その不気味なものを共有化し、受け止めることができるかどうかが大事な分岐点なのだと思う。そして、このように不気味なものを他者と共有化しつつ幅広く受け止め統合していく過程こそが、この社会に生きる私たちの「人」としての成長にとってどこまでも大切なのだろう。

わたなべ・たく　一九七五年生。介助者。著書『障害者の傷、介助者の痛み』『介助者たちは、どう生きていくのか』。

何ひとつ無駄にはならない

小谷真理

正式な介護元年は二〇〇六年。その夏、姑が脳出血で倒れたのだ。

当時の私は更年期。ホルモンバランスの失調状態が続き、頭脳労働にヒビが入りながらもやたら興奮していた時期ということもあって、かなり勢いよく介護初体験に突入した。頭脳労働から身体労働への大きな転換だった。結果、オタクの軟弱な身体が改造され、筋肉のついた肉体労働者の体型になった。

さて、だれでも加齢による認知症状が現れるものだが、そうなった人々の非現実感には介護者の頭はついていけないものである。彼らの妄想世界に引きずられて自分自身の気が触れるかも、という事態に直面したので、SNSでバンバン日記を更新して、日々記憶を捨てていくことにした。その捨てた記憶の抜粋が、二〇一〇年に上梓した『リス子のSF、ときどき介護日記』(以文社)である。

当時介護のことを書くＳＦ関係者はあまり存在していなかったため、新しい分野に踏み込んだことを讃えられ（ＳＦはフロンティア開拓に優しいジャンルである）、ＳＦの物書き仕事との二足草鞋も、やりようによっては楽しそうではないか、と受け止められた。が、所詮それは捨てねばならなかった記憶の集積である。今ではあまり読み返したくない。なぜかというと、読み返すたびに、濃密すぎる日々、すなわちあまりに忙しかった日々の思い出に、息苦しくなってしまうからである。

そういう意味では、介護はＰＴＳＤ帰還兵を作り出す軍事体験みたいなもので、体育会系チーム活動の楽しさがある反面、しょっちゅう開催されるケアマネさんやヘルパーさんらとの全体会議や、分きざみの日々のルーチン、住居の地図をにらみながら少しずつ進軍していったゴミ屋敷や汚部屋の清掃作業は、混沌との戦《いくさ》といった様相を呈していた。

姑殿は二〇〇九年夏に身罷り、その後調子を崩した舅殿の介護に明け暮れたが、彼もまた二〇一三年暮れに亡くなる。その翌年、姑殿の姉上、つまり伯母上のケアが始まり、それは二〇一九年現在まだ続いている。婚家の介護が続いている一方、実家の母親も二〇一三年夏に癌の手術を経て調子を崩し、そちらは妹に丸投げしてはいたものの、二〇一九年初頭に実母が交通事故に遭遇。妹もケガをしたので以後、昏睡状態の実母が亡くなるまでの二三〇日間、実家に踏みとどまった。その間、伯母上の世話は監視ロボットによる私のコントロールのもと、家族と介護施設等あらゆる部隊を結集した総力戦になった。

流石にここまでくると、介護も非常事態ではなく常態化する。そして、人間、やっぱり一人では生きられず、コミュニティを必要とする動物だ、という昔からよく聞くあの一節が身にしみる。とはいえ、そのコミュニティのスタイルも、核家族を中心とする社会ユニットから大幅にずれている。だいたい就職して故郷から離れて生きることの多いサラリーマン社会と核家族制は高齢化社会の実情に合わない。少数精鋭化した現在の核家族制の人員では全く手が足りず、近場の介護産業に従事する職員や比較的近くに住む人々、そして情報交換の場であるSNSのメンバーとの間にゆるいコミュニティを再形成していくことになるのではなかろうか。

以下、介護で得られた教訓を列挙してみよう。

一、基本は健康第一。

介護が始まってすぐに、心優しい私の友人が、BL作家さんの同人誌の介護日記「雨の日は濡れればいいじゃない」をご送付くださり、慰められた。特に、よく寝てちゃんと食べること、という一文に接し、絶賛仕事中の時に睡眠時間を削ることの多かった私は猛省した。睡眠と食事には最大限注意を払うようになった。

二、怒ってはならない。

介護中は、器量好し、ならぬ「人格好し」作戦が肝要と悟った。なにせ高齢者は、己の衰えを認めないがために、融通がきかず欲望まみれで暴走してしまう。そしてこれを止めるのに、怒った顔はアウトなのである。

なまじ血縁だと遠慮がなくなるものだが、それでは状況は動かない。その解決法をヘルパーさんたちの「怒らない」作戦に随分学ばせていただいた。怒り回避のために、コスプレ感覚を応用し、現実との間に境界線を引き、舅殿、姑殿、伯母上殿、拙者など、なんちゃって武士用語を用いて、介護的日常を時代小説風に報告しあう、という遊びも持ち込んだ。

三、使えるものはなんでも使え。

日本は世界に冠たる福祉国家で、システムはかなり良いと思うのだが、インターフェイスは全く良くない。どこにどういうシステムがあるかも「担当者にお問合せ下さい」というインフォ以外は見あたらない。コミュ力がないとお手上げだ。そして、当の被介護者には事務処理が複雑すぎて手も足も出ない。かくして、どどっと家族に負担がのしかかってくるので、困っていることは、全てケアマネさんに相談し、既存の制度を徹底的に使いまくった。

こういうシステムがあるのかと一番感動したのは「訪問入浴」。巨大なバスタブを持ったチームが訪れ、在宅寝たきり要介護度5の患者様を、お風呂に入れてくれた。ありがたかった。

他にも、誰もが最初に必ず直面する汚部屋とゴミ屋敷の掃除法とか、高齢者に必ず起き、必ず被害にあう詐欺事件のことなど、様々な教訓があったけれど、どれも人間衰えるものだ、とあらかじめ予測がついていれば、それなりの予防措置がとれるはずである。

ケースバイケースというか、千差万別である高齢者のライフスタイルについては、これまでの社会環境では想像だにしなかった事態なので、自らの終活への参考として、かなり貴重な体験だよな、と思ったりする今日この頃である。

こたに・まり　一九五八年生。SF&ファンタジー評論家。著書『女性状無意識――女性SF論序説』『エイリアン・ベッドフェロウズ』ほか。

障害者の介護と社会参加

木村英子

隠された命が地域へ出て生活することは想定外の現実なのに、重度障害者が国会議員になるなんて超想定外。このふり幅の大きい人生に翻弄させられながら生き続ける、この現実を奇跡と呼ばずして何と表現したらいいのでしょうか。私が養護学校から地域へ飛び出す時、外の世界を何も知らない恐怖と、自分の夢に向かっていく希望に、体も心も震えていたあの感覚が、今回の選挙に出馬する時に再び沸き起こって……。国会は、私にとって第二の社会への自立だと実感しています。

介護の必要な重度障害者にとって「社会参加」という健常者ならあたりまえの権利は、ほとんどと言っていいほど保障されていないのが現実です。

私自身、生まれてすぐに障害者となり、施設に預けられてから一八年間、一人では外へ出たことがありませんでした。養護学校の進路実習では、作業所併設の施設にいくつか行かされ、「地

域で自立したい」と言葉に出せば「何もできないのに、自立できるわけがない。生かされている
だけでもありがたいと思え」と周囲に言われ、高校生の私は、死ぬまで施設にいることがあたり
まえの人生だと思って諦めていました。

当時の私には養護学校卒業後の進路は施設しか選択肢がなく、当然のように私の仲間の多くは今も施設の中にいます。生活のすべてに介護が必要な重度障害者にとっては、それが親亡き後のあたりまえの人生なのです。でも私は虐待に耐え続ける施設の生活を死ぬまで続けなければいけないと思うと、どうしても耐えられず、一九歳の時に地域へ飛び出し、すでに自立生活をしている先輩たちに助けられ、東京都国立市で自立生活をはじめました。

私はトイレや食事、着替え、移動など、生活の全てにおいて介護者がいなければ生きていけません。私が地域で自立生活を始めて三五年が経ち、たくさんの介護者の人たちがバトンリレーのように私の命を今日まで繋いでくれました。私の生活を支えてくれた介護者達は、トイレや食事といった生活の動作だけの介護をしているわけではありません。社会の中で唯一私の置かれてきた現状を理解し、施設にいたら知られることのなかった私の存在を地域で支えてくれることによって、私という命の証明をしてくれる大切なパートナーです。彼女たちの存在がなければ、今の私の生活はあり得なかったと思います。

障害者が健常者と分けられた時点で、生活のすべてにおいて人とのつながりを失います。同じ

環境で育てば、お互いを認め合いながら折り合いをつけ、共に生きる地域社会を作っていくことができます。しかし差別と偏見が蔓延する現状の中で、障害者を分けることで家族だけにその命を負わせ、そして社会からも孤立させます。障害者は、家族からも、学校からも、友達からも、地域からも排除され、分けられることで差別は広がります。差別をなくすには、同じ社会の中で、幼いときから共に生きることがとても大切だと思います。

重度障害者が地域で生きていくためには、一人一人のニーズに合った十分な介護保障によって、健常者と同じように生きていく権利の実現が欠かせません。私が議員になって直面した社会的障壁は、重度障害者の命を支える唯一の介護制度である重度訪問介護制度では、通勤などの経済活動や通年かつ長期にわたる外出(通学など)が認められないなど、社会参加が保障されていない現実でした。

重度訪問介護という制度は、一九七〇年代に施設ではなく地域で生きるために障害者が命がけの運動を起こしたことに始まります。当時、東洋一といわれた府中療育センター(東京都)の入所者たちが、施設における虐待や非人間的な扱いに耐えられず、座り込みまでして抗議行動を行いました。その後、人間らしい生活を求めて施設を飛び出し、何の制度もない中、地域で生活を始めた数名の重度障害者たちによる、東京都との交渉によって一九七四年に「重度脳性麻痺者介護人派遣事業」という介護保障制度が誕生しました。重度障害者の自立と社会参加を目的として人権を認めた初めての制度でした。そしてその後「全身性障害者介護人派遣事業」になり、対象拡大され全国に広がり、各地でも自立生活を実現する障害者が増えていきました。二〇〇三年には国の制度として支援費制度の「日常生活支援」という制度となり、現在の障害者総合支援法による「重度訪問介護」に引き継がれて施行されています。

私が自立生活を始めた一九歳の頃に比べれば、現在の介護保障は改善されつつあると思いますが、介護保障制度がうまれて四五年も経っているのに未だに変わっていないのは、食事やトイレなど生活動作の介護だけしか保障されていない事実です。それすら十分ではなく、各地では格差があり、いまだに介護時間が足りず逼迫した生活を余儀なくされている障害者がたくさんいます。ですから通勤や通学などの社会参加の保障が、置き去りにされてきたことにとても憤りを感じます。

皮肉にも私が国会議員になったことで、重度訪問介護制度が国会の活動に使えない事実を通して、介護の必要な障害者の実態がようやく世間に明らかになりました。重度障害者にとって十分な介護保障と社会参加の保障、この二つが整わなければ、障害者の平等の権利と人権は実現できません。

一九歳のあの時、社会に出ることが雲の上の夢だと諦めて、職員や親の言う通り施設を選んでいたら、地域での自立生活は実現できなかったし、今こうして国会議員にはなっていなかったと思います。皆さんからいただいたこのチャンスを大切にして、誰もがあたりまえに生きられる社会を目指して、私の役割を果たしていきたいと思います。

きむら・えいこ　一九六五年生。参議院議員。れいわ新選組所属。全都在宅障害者の保障を考える会代表、自立ステーションつばさ事務局長。

お金で解決してはいけないもの
——介護支援制度と介護の理念

金満里

障碍者自立支援法等の介護支援制度はクセもの、という認識を持っている。それは、ダイレクトに障碍者が健常者へ敵として立ち向かう力を削ぐ、面においてだ。

障碍者が当然の権利として地域で自立生活ができる、それはそれでいいことかも知れない。だが、権利は誰が保障するのか、といえば、制度でだという声が無条件にいわれる社会が到来し困っている。

我々、介護が必要な重度身障者は日々、その体を介護する人に預け、介護される瞬間瞬間を晒されている。それは我々にとって、介護者である健常者のペースによってなされるある意味暴力に晒されているということであり、自分の存在否定を受け取る瞬間瞬間でもあり、これは差別なのである。そのことから、制度を理由に健常者社会が目を背けてはいけない。

障碍者自立支援法や公的介護保険制度で介護費が発生するようになって、基本的に存在するそういった差別の関係性に蓋をされるばかりか、障碍自体が介護費の点数に化けて、「商品」として切り売りされ、障碍者は健常者が働く為に得られる賃金の餌食にされてしまっている。

私は、三歳でポリオに罹患して首から下が全身麻痺となり、幼いときから施設収容で酷い差別を受けてきた。そこでの経験と生活実感をもって大人になった私は「青い芝の会」運動に出会い、障碍者への激しい差別からの解放運動の活動家になった。一七歳で施設から親元に戻ったが、二一歳のときに親元を離れ、日本で初めての二四時間ボランティア介護による自立生活を始めた。障碍者差別とは、障碍者は健常者とは絶対に違うペースがあり、それがあっという間に健常者によって奪われ支配され、小さくひ弱なものとして抹殺されることだというリアリティーを持っている。

だが私は、酷い差別を受けるなかで、重度身障者としての主観――健常者からみた、存在否定的な障碍者観ではなく――をそこで育んだ。障碍の存在は、ビビッドに問題を見出せる固有性や独自性であること、それ故に障碍者は決して小さくもひ弱でもなく、健常者と対極なものを持った存在であり、そういう者として障碍者は自覚的にこの健常者文明と対峙していかなければならない存在だ、という気づきだった。そこでは、介護される障碍者は、介護をさせてあげることで、その体を通し、健常者に異質な障碍というものをどう受け止めるのかを問うている。健常者は、支配できる自己のエゴとの対峙を迫られることになるが、それをどう受け止められるか。その次に対等な関係を構築できるかどうかはそこにかかっている。健常者が異質な障碍者を受け入れようとする初期には苦渋を伴うが、その中でこそ見出される〈違う世界観の発見〉へと、障碍者も健常者も互いが覚醒し合うことが求められる。それが必要とされる関係性なのだ。介護とはそういう協働作業としてなされるべきだ。

だから、障碍者が簡単に受け入れられたり、健常者と認め合ったり、ということは、世の中の健常者の気休めに使われているのであり、我々はそれにそろそろ嫌気をさすべきである。

障碍者が生きるということは、障碍者と健常者の、表面的でない、お金を介在しないからこそ出る、エゴとエゴのぶつかりが常にあり、そのことを真剣に問い合う関係性の構築を抜きにはあり得ない。

私の自立生活介護は一貫してその関係性の構築を問題にし、作ってきた。その、介護者とこれまで構築してきた関係性が、障碍者自立支援法の介護支援制度が始まることで、潰されていく危険性を感じ、その前に自立障碍者運動の立ち位置を確認するために、介護者たちと以下のような理念を作った。

介護の理念

一つ、存在価値としての、人間の基本的価値観

人間の存在自体への価値、を基本に捉える価値観がなければならない。本来、人間がそこにいるだけで意味があり存在していること自体に価値がある、とする人間の価値の原点。例えば、「植物人間」と言われる、反応しない状態の最重度寝たきりの存在こそが、そこに在って当然とする、価値観が基本的になければならない。

二つ、存在自体で自立している、という自立観

人間は、社会を構成する者として何を成すや何を成したかに価値があるのではない。また、身辺の自立や経済的自立といった、社会に迷惑をかけない状態が自立ではない。ありのままの状態の存在自体が、既に一己の人格として自立している、とする自立観をさす。

三つ、生存権・存在権＝基本的人権の尊重

人は、その人が障害の程度や又は重い病気や老いの程度の度合いに関係なく、存在を認められなくてはならないという生存権を有し、存在自体から、一己の人格として既に自立している、とする人間への価値観、すなわち存在権を有する。このような生存権・存在権は基本的人権の根底にあると尊重され、全ての人々に保障されなければならない。

最低、以上の人間への価値観に立った姿勢での介護を行うべきだと考える。

要は、障碍者の健常者不信は正しいのであり、それに自信を持つべきだ。そこを突き抜けると、根本的な人としての存在の有り方が見えてくる。

私の今は、運動を辞めこれら全てを生かし、身障者だけでやる劇団態変を主宰する芸術家である。人間の関係性を問うことは、人間観(人間の概念)を変えることに他ならない。芸術の根本は、人間の本質を抉り考えることにある。考えることを放棄するような、介護する健常者の食い扶持のために、障碍者が健常者のペースにお任せで主導権を握られていては、施設収容と変わらないではないか。それでは、せっかくの異物としての障碍が、勿体ないのである。

きむ・まんり　一九五三年生。舞踊家・演出家。劇団態変主宰。全身麻痺の重度障碍者として七五年、日本初の二四時間ボランティア介護の自立生活を開始。八三年、劇団態変を旗揚げし劇団と金満里ソロの演出・出演作品を国内外で上演、広く身体表現指導も行う。『異文化の交差点情報誌イマージュ』を年三回編集発行、ソロ作品に『寿ぎの宇宙』等。

II

鈴木大介
山口研一郎
bay4k
山田真
野田聖子
川口有美子
村上靖彦
二ノ坂保喜

高次脳機能障害に最良のリハビリは「病前の当たり前」への再挑戦

鈴木大介

脳梗塞を発症して高次脳機能障害の当事者となって四年半。それは「ぽっくり死んでいたほうが楽だったのでは？」と思うような苦しさを伴う日々だったが、三冊の闘病記を上梓し、その読者からの感想をもらったり他の当事者の話を聞くに及び、特に就労世代の当事者に対しての支援があまりに追いついていない現実に、暗澹たる気分になる。

「書かれたような症状があって苦しんでいるが、障害の認定もリハビリも受けていない」
「身体障害の認定はあるが高次脳機能障害については説明を受けず、でも苦しんでいる」
「高次脳機能障害とは言われなかったが苦しく、うつ病患者として精神科にかかっている」
「何の診断もリハもしていないが病前の仕事に戻れず、生活保護を受けている」

まだ聞き慣れぬ言葉かもしれない高次脳機能障害だが、簡単に言ってしまえば、それは脳外傷や脳卒中によって脳神経細胞が部分的に死滅することで、人生の途中で唐突に「認知症や発達障害に酷似した不自由」を抱えることになるようなものだ。実際、注意障害・記憶障害・遂行機能障害・社会的行動障害などと、内包される障害名そのものも大きく被《かぶ》る。

根本的な違いは「失われた機能が回復していくこと」。そして問題は、年単位でかかる非常に長いその回復の過程を支援する道が、あまりに未開拓なことだ。

そもそも高次脳機能障害のリハビリを保険診療で受けられるのは、原因となる脳の受傷から六カ月。就労世代の場合、その時点で当事者が仕事に戻れず失職状態から抜け出せないようならば、精神障害者保健福祉手帳を取得し、それを根拠に就労継続支援事業や就労移行支援事業の作業所で、残存する能力でどんな仕事ならできるのかを見極めたうえで、やれる見込みのある仕事の訓練をリハビリとしつつ、障害者枠での再就労を目指すのが多くのケースだ。

だがここで圧倒的に足りていないことが三点ある。第一に、残存する障害のスクリーニング。第二に、病前能力と残存能力の把握。第三に、提供するリハビリ課題の考慮だ。

ひとつ目。僕自身、身体の麻痺が軽かったために入院生活は短く、入院病棟で提供された神経心理学的なリハビリ課題では非常に高得点を叩き出す「リハ室の優等生」だったが、いざ退院したら病前には何も考えずにできていたことが片っ端からできない人になっていた。視聴覚情報の多い雑踏ではパニックを起こして座り込んでしまい、電話応対など日常のどうでもいいシーンでもパニックを起こし、車の行き交う道を渡ることすらできない。入院中にそんな障害が残っていると告知されていなかった僕は文字通り途方にくれたが、病棟のリハビリと評価の中では障害を見過ごされてしまったわけだ。

高次脳機能障害は、脳の情報処理の障害のため、静かに環境が調整されたリハビリ室内で障害のすべてを見極めることは難しい。本来望ましい障害評価は退院後の日常や仕事に復帰する段階までを追跡して見極めるべきだが、現状の保険診療(受傷から六カ月)の枠内では到底望めない。

そして、実はそんな「何もできない」はずの僕は、一冊目の闘病記の企画書を脳梗塞発症から一〇日後の段階の急性期病棟で書き、二カ月後には当時週刊連載していた漫画原作の仕事にも、青息吐息ながら戻ることができていた。その一方で僕は、発症から三年も経ってから「自治会の集金袋を作って地域に配布する」という地域業務で激しいパニックを起こし、妻の手助けを得てなんとかクリアするという経験もしている。なぜだろうか。

執筆という高度で複雑だけど「病前の経験がある仕事」ならできても、集金袋配布という単純だけど「未経験のタスク」で大きく挫折したのは、当事者には、病前経験があるタスクには小さな工夫の積み重ねで戻ることができる一方で、未経験のタスクを覚えたり、段取りを考えるのが非常に難しいという特性があるからだ。

ところが読者からの声が示しているのは、現状の就労支援事業の作業所では、病前に何が得意だったのかの聞き取りや、過去にやれていた仕事に挑戦させてみて、環境調整によってどこまで病前を再現できるかという評価をせず、いきなり未経験の新規課題を与えて当事者に失敗させ、それがその当事者の「残存能力だ」と決めつけてしまっているシーンが多々あるという現実。つまり、病前能力や残存能力の把握と適切な課題提供がなされていないということだった。

視聴覚を始めとし、五感に入る余計な情報を制御した静かな環境に調整すること。落ち着いて「ゆっくりとひとつずつ」課題に取り組む。思考や手順を書き出すことで外在化する。高次脳機能障害の当事者は、様々な工夫をすることで、多くの病前経験のあるタスクをこなせるし、病前やれて当たり前だった課題に取り組んで「あれ？　なぜか上手にやれない」と気づいた当事者の「あれ？」こそが、当事者自身による障害発見となり、さらに工夫することでより複雑な課題にも挑める。

高次脳機能障害は身体の麻痺同様、課題に挑戦して脳に適切な負荷をかけない限り機能回復を望めないが、リハ室の優等生だった僕が退院後に玉砕したように、「病前の当たり前の日常や仕事」は脳機能にとっては負荷が高すぎるように思える。けれどその「当たり前だった」の経験と記憶があるからこそ、それは「病前に習熟していなかったり未経験だった課題」に比較して、より小さな工夫で負荷を適切にコントロールしやすい。結果、最良のリハビリ課題になりうるのだ。

いまも多くの当事者が、自身の残存障害を理解できず、病前の日常に戻れないことで隠れた障害の発見もできず、貴重な機能回復の機会を逃し、病前の経験や残存能力を活かすこともできずに苦しんでいる。復帰できないのは自分の弱さのせいだと自分を責めて二次障害でうつに陥ってしまったり、自死を選ぶケースすらある。

高次脳機能障害は見えない障害と言われるが、「見えない」限りは地獄が続く。なんとか適切な支援がなされ、当事者の苦しさが緩和されることを望む。

すずき・だいすけ ルポライター。一九七三年生。著書『脳が壊れた』『脳は回復する——高次脳機能障害からの脱出』『されど愛しきお妻様——「大人の発達障害」の妻と「脳が壊れた」僕の一八年間』ほか。

医療現場からみた介護——高次脳機能障害をめぐって

山口研一郎

生後何らかの原因で脳にダメージを受けたために生じた精神・神経障害を「高次脳機能障害」と呼び、近年注目されている。その特性を症状と社会的側面に分けると以下のようになる。

症状としては、記憶や集中力、持続力、理解力、コミュニケーション能力(言語力)など認知面の障害がある。また、無気力になったり、怒りやすくなって暴力を振るったり、疲れやすいなど、情緒障害が加わることもある。その結果、日常生活や社会生活(就労)の場での人間関係の構築が難しく孤立しやすい。

原因として交通事故による脳外(損)傷などが多く、若い人(二〇~四〇代)に多い。同居する親は五〇~七〇代である。中には別居や離婚のため一人暮らしの人もいる。社会的要因(事故、事件、労災など)によって引き起こされることが多いのも特徴の一つである。

私は一九九九年以来、高次脳機能障害の臨床に携わり、一三〇〇名に及ぶ当事者と出会ってきた。中には、比較的軽度で早期に復職(学)し、「第二の人生」へと再出発する人々もいた。問題は、かなり重度で身体障害(手足の麻痺や歩行障害)も合併し、自力では日常生活もままならない人たちであった。実態を知るべく、二〇一四年春、私が勤務するクリニックに通院中の二五名の当事者・家族へのアンケート調査を行った。

①年齢：二〇～四〇代が二一名。残りは五〇代以上。

②原因：交通事故や不慮の事故が一一名。脳血管障害(脳動静脈奇形破裂、くも膜下出血)が六名。

その他、低酸素脳症、ウイルス性脳炎、脳腫瘍など。

③主たる介護者：六〇～七〇代が大多数(多くは母、妻)。

④介護者の代役：父か兄弟姉妹もしくはヘルパー。全くいない人も。

以上より一見して分かることは、ほぼ全介護が必要な本人が四〇～六〇代になる頃、介護の大半を担っている両親は、既にこの世にはいないだろうということであった。「親亡き後」の問題が、本人や家族に重くのしかかる。

他の障害にも共通するであろうが、高次脳機能障害の場合も、主たる介護者は母であり妻である。私には、二〇年間同障害者を診てきて、常に疑問に感じていたことがある。原因の多くを占める交通事故の場合、大半の当事者が被害者である。本人や家族には何の落ち度もない事故で生じた障害にもかかわらず、その後終生家族が世話をしなければならない理不尽さである。

　しかも、本人より三〇歳前後、歳を重ねる親の場合、必然的に将来の介護が難しくなる。先のアンケートでも、「私たちが死ぬ時は本人も道連れにします」といった悲痛な声が多かった。「家族に依存することなく社会で介護が必要な高齢者を看る」ことをかかげた公的介護保険制度も、同障害の若者たちにはほとんど届かない。高齢の両親が介護しながら、「本人が六五歳になるまで待ちます」と語ることが多い。

　そのうえ高次脳機能障害は、「人の数だけ症状がある」と言われる。様々な認知面、精神面、心理面の症状に直面すると、身内といえども戸惑う。ましてや、同障害について専門的な研修を受けていない介護士や看護師は、どのように接したらよいのか分からないことが多い(例えば、介護の場でありがちな「幼児言葉」や過度に馴れ馴れしい態度は、本人の気持ちを逆なでしてしまう)。

　成立当初より、介護保険は、「多様な高齢者のニーズを画一化し、制度の枠内にはめ込もうとするもの」との批判が多かった。この点からも、高次脳機能障害にはそぐわない制度と言えるかもしれない。

　私が日頃臨床の場にいながら感じるのは、現代社会における介護は、医療や福祉にとどまらず、社会全体のあり方を問う問題だということだ。「二〇二五年には認知症をもつ人が高齢者の五人に一人を占める」という問題を考える。街中の六五歳以上の五人中一人が「認知症」という社会とは何なのか。脳の老化の前に、街の構造や人間関係、日常用品など、高齢者にとって不向きな環境や物が認知症を促進する要因になってはいないだろうか。

そうした社会のあり方から最も被害を受けるのが、高次脳機能障害の人々である。現代のコンピュータ至上社会において、規格化され、ちょっとした勘違いや間違いも許されない職場は、「健常」者にすら自信を喪失させる。高次脳機能障害の人々は、ややもすれば自ら職場を去ることになり(解雇を言い渡される人も多い)、新たな職場が見つかる機会もなく、「ひきこもり」の生活に陥ってしまうことも多い。

この間社会問題化している中高年の「ひきこもり」の一部を同障害者が占めているのは間違いないだろう。同居している両親にとって「先が全く見えない」状況にある。高次脳機能障害は「時代を映す鏡」であり、今後深刻化する現代の介護問題の象徴とも言えよう。

やまぐち・けんいちろう　一九四九年生。医師。やまぐちクリニック院長、「現代医療を考える会」代表。著書『高次脳機能障害――医療現場から社会をみる』『脳受難の時代――現代医学・技術により蹂躙される私たちの脳』ほか。

脳出血で倒れたこと

bay4k

ラッパーのbay4kです。二〇一九年の四月二日に脳出血で倒れて救急車で運ばれ、七月二二日に退院しました。三カ月と二〇日。長かったですよ。そんなに入院したことがなかったので、つらかったです。後遺症で右半身不随と言語障害が残っています。

入院最初の二週間ぐらいはきつかったですね。どん底でした。なんでこうなったんだろうって、わんわん泣いた時もあった。でも三週間目ぐらいで、「もう絶対大丈夫、楽しく過ごそう」って決めました。なかなか自分でもすごいと思ったけど(笑)。それからツイッターで脳出血で倒れたことを告白しました。

入院のあいだは、病院側の都合で患者さんが動かされていることがよくあって、それにとても不満がありました。入院している時点でストレスなのに、さらにいろいろがまんしなくちゃいけない。しかも患者さんはルールを守って生活するのが当たり前で、看護師の側はかならずしもそうじゃないんですよね。たとえば起床時間は朝六時って決まってるんですが、五時ぐらいからトイレなんかで起きてるお年寄りを、向こうの都合で早めにどんどん着替えさせたりする。その物音でこっちも目が覚めてしまう。人手が足りないとか、余裕がないとか、そういうことがあるのはわかるんですけど、それは病院側で解決してほしいことで、そっちがやりやすいように俺たちを動かすんじゃねえよって思っていました。

でも九〇歳近いお年寄りなんかは、そういうことはなかなか言えないんですよ。患者さんは自分がお世話になってるって思ってるし、弱者だって自覚もある。手助けしてもらわないと何もできないから、気兼ねしちゃうんです。だから俺が代弁者になってやろうと思って、いろいろ率直に思ったことは言っていました。

入院って病気や怪我が治ればいいっていうわけじゃないと思うんですよ。入院するような一大事になって、まず心がつぶれちゃってるんだから、まずそちらを元気にしないと。リハビリをやるにしても、患者さんたちのその日の状態を無視して、無理やり考えてきたメニューをやらせちゃいけないと思うんです。でも実際は、今日は体の調子が悪いって訴えても、メニュー優先になったりする。

退院してからはリハビリに通ってるけど、それにも思うことがあります。退院したとき、特定疾病の介護保険で一割負担になるのが残り二カ月で、通える回数はかぎられているのに、通い始めると毎回担当者が変わる。一から説明しなくちゃいけなくて、なかなか前に進まないんです。もうちょっとこっちの身になってくれよって。

俺たちからしたら、ものを動かすようにするんじゃなくて、人間としてあつかってほしいんです。でも病院側にとっては、たんに日々の仕事だったりルーティンになっていて、そのすれ違いをずっと感じていました。そう思っている人はいっぱいいるんじゃないでしょうか。

倒れてからは、YouTubeに動画で経過を報告したり、メッセージをアップしたりしています。この前は一人で焼肉を食べに行く動画をアップしました。日常の報告なんですけど、体の右側が動かなくても、一人でも、こんなことができるってメッセージを入れているつもりです。

健常者の時と、動ける範囲とか動き方とか、大幅に変わるのがいやだったんですよね。たとえば足が悪いからって履きやすい靴を履くよりは、やっぱりかっこいい靴を履きたい。クラブもいくし、一人でご飯も食べにいくし、なるべくそういうふうに動くようにしてます。病気になったから外に出れないって思っちゃう人もいると思うんですよ。その人たちに、俺はこうなっちゃったけど毎日遊び疲れてるよっていうのを見せたい。SCARS(川崎のヒップホップグループ)では「おまわり上等」みたいな意気がったラップしてたんだから、病気になったからって「おれ無理だよ……」なんて落ち込むんじゃなくて、あらがってやろうと。

もちろんこの病気が、入院中にどんどん酷くなっていくようなものじゃなかったことも大きいです。いちばん最初がいちばん状態が悪くて、だんだん治っていくような傾向にあるものだったから。だからメンタルを強く持つことができた。

動画をみて、bay4kは脳出血になってもあんなふうにやってるんだから、俺もなんとかなるだろって思ってくれたやつが一人でもいたら、病気になった甲斐があったとすら思います。病気のおかげで出会えている人たちもいる。

九月には九州でソロライブもやって、思ったよりは歌えた。このままでも生きていけるって自信になりました。治したいから頑張るけど、最悪治らなくても、明るさも取り戻しましたし、へこたれてもいないです。そういう面が、少しでも病気で弱っている人に、響いたらなと思っています。自称、日本で一番ファンキーな障害者です。

べいふぉーけー　一九七八年、神奈川県川崎市生まれ。ラッパー。在日韓国人三世。ヒップホップグループSCARSの一員。作品に『I am...』がある。

介護保険制度における「医療行為」

山田　真

わたしは七八歳になる町医者です。専門は小児科ですが、町医者ですからゼロ歳の赤ちゃんから九八歳の高齢者まで広い年齢層の診療をしています。今日も赤ちゃんの検診をしたり、高齢者のための「介護保険主治医意見書」を書いたりしました。

一方、わたしは四六歳になる障害のある娘の父でもあります。娘は知的障害、左片麻痺、てんかんなど重複した障害を持っていますが、小・中学校を普通学級で過し三年間の浪人生活の後、都立高校全日制へ入学しました。入学後、留年して一年生を四回くり返すということもありましたが計六年在校した後、正規の卒業をしました。そして今は二四時間介助者がつくという形でアパートでの一人暮しをしています。

またこれまでわたしは、障害児の普通学級入学運動や高校入学運動などに関わってきましたので、介護、介助といった問題についてずっと考えてきたといえます。

ここでは日ごろ関わっている介護保険制度についてわたしがこれだけは実現しなければと考えていることを記してみることにします。

日本ではなんらかの制度ができる時、制度がより良く運用されるための法制度の整備や十分な予算措置などがされないことが多いと思います。また制度が実際行われるようになった後、一定の時間が経ったところで「制度はうまく運用されているか。問題点はないか。改善すべきところはないか」といったことが検討されることも少ないようです。

介護保険についても一九九七年に法律ができ、二〇〇〇年四月にサービスが始まっていますから、既に二〇年近くの時間が経っているのですが、制度の運用状況について十分に検討がされているとは思えません。実際に、介護を受けている人たちからさまざまな不満や批判が聞えていますし、介護の仕事をする人がどんどん減っているともいわれます。どうしてこうなったのかを検討し改善策を模索することが必要でしょう。わたし自身は、現行の介護保険制度に関わる一つの問題として「ホームヘルパーが医療行為を行えない」ということがあると思っています。

このことはかつて篠﨑良勝さんが『どこまで許される？ ホームヘルパーの医療行為』(一橋出版、二〇〇二年)で鋭く告発しました。この本の最初で篠﨑さんは次のように書いています。

「我が国の介護保険制度は、ホームヘルパーをはじめとした介護職員を「犯罪者」と仕立てることによってしか存続できない状態にある」。

衝撃的な文章ですが篠崎さんは続けて次のようにも言います。

「介護職員には医療行為といわれている一連の行為を行うことは許されていない。許されていないどころか、介護職員が医療行為を行えば、医師法や保健師助産師看護師法をはじめとした法律に違反することになり、いわゆる「不法行為者」、「犯罪者」、「罪人」となってしまうのである」。

篠崎さんは怒っていますが、なぜ怒るのかを同じ本の中で弁護士の増田聖子さんが解説しています。それは次のようなものです。

「医師法17条は、「医師でなければ、医業をしてはならない」と定めている。医業とは……医療行為を業務とすることであり、法は、この規定によって医師にのみ医療行為に関する業務独占を認めているのである」。保健師助産師看護師法は「看護師、准看護師に対してのみ、「診療の補助」、「療養上の世話」という限度で、医療行為への関与を認めている。……すなわち、医療行為は原則として医師しかできず、その補助は、原則として看護師しかできないというのが法の大原則なのである」。

更に問題なのは、医療行為とは具体的にどんなことを指すのかが法的に明示されていないであいまいになっていることです。しかし、篠崎さんが一九九九年に厚生省(当時)に問い合わせたところ、爪切り、座薬を入れること、浣腸、血圧の測定、薬の在庫管理、服薬指導、軟膏を塗ること、湿布をすることなどすべて医療行為だと回答されました。その後二〇〇五年になって厚生労働省が「爪切りや湿布をはることは医療行為でない」という通知を出しましたが、痰の吸引、点滴の針を抜くこと、インシュリンの投与、導尿などはできません。

介護を必要とする人の多くはなんらかの医療的ケアを必要としています。そして実際に介護現場を担っているのはホームヘルパーの資格をもつ人たちです。この人たちが医療行為に全く関われないということが続くようでは介護保険制度は十分機能を果たしていくことができないでしょう。また、呼吸器をつけた子どもが普通学級入学を求める事例でも、学校に看護師が配置できないという理由で拒否されることがありますが、これも「医療行為問題」が壁になっているのです。一定の講習や訓練を受ければ、医師・看護師以外の人でも一定の医療行為ができるというふうに法改正をすることが、現在の介護状況を前進させるための喫緊の課題だとわたしは考えています。

やまだ・まこと　一九四一年生。小児科医。八王子中央診療所理事長。「障害児を普通学校へ・全国連絡会」世話人、「子どもたちを放射能から守る全国小児科医ネットワーク」代表。著書『育育児典』(共著)、『水俣から福島へ』ほか。

私には恐怖がある

野田聖子

私の息子は、へその緒の中に肝臓が飛び出す「臍帯ヘルニア」と、本来二本ある心臓につながる血管が一本しかない「心臓疾患」、食道と胃が分離する「食道閉鎖症」という重い障害を持って生まれました。合併症として気管軟化症となり呼吸が止まったため、気管切開して人工呼吸器もつけました。八歳になる現在まで、肺動脈閉鎖症、右室肺動脈導管交換など手術を一五回も受けています。

私は卵子提供による高齢出産だったので、余計に「こんな子」を産んだのは親のエゴだとみなされて、日本社会の持つ障害者に対する嫌悪に真っ向からぶつかることになりました。

息子が一歳になった時、テレビで私たち親子に密着したドキュメンタリーが放送されました。不妊という現実、卵子提供という選択、そして子の障害にどう向き合うか、一女性として、また国会議員として、同じ悩みを抱える人に少しでもヒントになれば、一個人として記録に残そうという思いから、番組製作に踏み切りました。

放送後、テレビ局に寄せられた意見の大半が批判でした。事実としてこの子どもが生まれ、生きようと精一杯がんばっていることを評価する声はごくわずかで、夫は落ち込んでうつになりました。私は、議員として障害のある人たちにも向き合ってきたので状況はわかっていたつもりでしたが、当事者となってみると、日本社会には差別という土壌があるのだなと、深く実感したのです。

日本社会は健常者/障害者とを「分ける」考え方が原則です。息子に対してもまず言われるのは「かわいそう」という言葉です。もちろん悪意ではなく、自然に出てくる言葉なのですが、そこには障害者に対する不要感が漂っている。そうやって「自然に」排除するのがこの社会のスタンダードなのだと感じました。だから、障害を持つ子が生まれたことを隠さざるをえない人がいまだにいるのです。

なぜ「生まれた」ことそのものを喜ぶ声がないのか。「障害者は役立たずで国に負荷をかけている」と考える人がいますが、実は障害の有無に関わりなく、制度としても風土としても「妊娠してくれてありがとう」という社会からの歓迎はほとんどありません。そもそも少子化が国難だとされながら、子どもを産み育てることは「好きでやっていること」とみなされているのです。自己肯定が低いのか、自分が子どもだったということを忘れているのか。こうした子どもに関する社会の空気は、政治のひずみを生む要因になっています。

二〇一九年の出生数は八七万人を切ることが確実となっています。ところが、国民は経済の強さや外交の華やかさで政治を認めるという思い込みがあるからなのか、この恐るべき少子化にあっても、国会の予算委員会で、子どもについても障害児についても言及はほとんどありません。野党が対決姿勢をとることは理解できますが、問題は統計不正だけでも、「桜を見る会」だけでもないはずです。さらに、再生産に関する問題を考えるのは女性議員、男性議員は安全保障や株価と、政治において性別役割が生まれてしまっていることも大きな問題だと思います。

二四時間介護と国会議員をやり続けてきた身からすると、いま掲げられている女性活躍・障害者活躍推進はポエムとしか感じられません。在宅介護や看取りにしても良いことのように思えますが、家にみる人が必ずいるというのが前提で、実際はすさまじい孤軍奮闘です。むしろ最悪の事例を抽出して「ここまでやれるか」について話し合うべきだと考えています。

また、親の介護については、今後、非婚男性の在宅介護という大問題が待っています。それが目の前にあるのに、政治課題になっていません。

息子の場合は、二歳三カ月まで病院で専門性の高い医者と看護師に見てもらい、退院後、二四時間介護・看護の人生が始まりました。二四時間人工呼吸、食事は液体で垂らすので、とても時間がかかります。初めに来たのは不眠でした。そのことが原因で、私たち夫婦も大ゲンカの連続でした。私は当時自民党総務会長だったので、徹夜明けもざらで、夫が犠牲になりました。夜中ピーピーとアラームが始終鳴って本当につらかったです。

いちばん大変だった四歳前半まではＮＩＣＵ（新生児集中治療室）に勤めているような、そして現在は、人工呼吸の装着時間も短くなり、外来のナースになったような気分でいます。それでも胃ろうをつけているし、気管切開をしているので、ほとんどの子どものための施設では医師がいないとの理由で受け入れ拒否です。

なぜ在宅なのか。息子のような医療的ケア児を預かってくれる場所がないからです。痰の除去などが法的には「医療行為」になってしまうので、医者や看護師しかできません。医療的ケア児は全国に約一万九〇〇〇人いて、障害者として認められ、教育現場での対応も求められていますが、高齢者介護に比べて、より医療に近い介護を行ってくれるサービスはまだごくわずかです。

国会議員として、障害のある子の親として、私は仕事と介護のポートフォリオを考えないといけなくなりました。しかしそれは、グラデーションはあるけれど、子育てしながら働く母なら全員の課題ではないでしょうか。かつて私は切れ目なく仕事をしていないと政治家としては厳しいと思っていましたが、むしろそれができる国会議員から、働き方の見直し、体力の温存を実践していかなければいけないと思っています。国会のない間はできるだけテレワークを増やし、朝五時に起きて、ご飯をあげて夫が学校に送る、その間がフリータイムです。夜六時に息子が帰ってきて、一時間だけ訪問介護士が来てくれ、寝るまでどちらかがみるというスケジュールです(主に夫ですが)。

なぜここまでがんばるか。それは私には恐怖があるからです。私が死んだあと、この子は大丈夫か、「障害者はいらない」という風土に殺されるのではないかという恐怖です。

私は障害児を産みました。でもその子は必死に生きようとしている。そして、政治家である母にさまざまな問題について考える視点を与えてくれ、二〇一六年改正の障害者総合支援法に「医療的ケア児」の言葉を入れることができました。

日本の医学の英知を生かして、息子と共に生き抜いていこうと思うのです。

のだ・せいこ　一九六〇年生。衆議院議員、一九九三年に初当選以来、現在九期目。著書『私は、産みたい』『だれが未来を奪うのか——少子化と闘う』ほか。

在宅人工呼吸療法の一端を担って、今になってわかってきたこと

川口有美子

「女腹《おんなばら》」って何のことだと思います？　父が母に向かってそう呼んでいたのです。うちに男児が生まれなかったのを母のせいにして皮肉ったのです。わたくしは物心ついた頃から、うちの跡取りと言い聞かせられ、婿養子をとり、親の介護をすること、墓守をすることを肝に銘じておりました。嫁にいくつもりなら、大学には行かせないとも言われました。まあ、両親はたんに大事に育てた娘を手放したくなかっただけだったのでしょうが、わたくしは本気にしておりました。そんな封建的な空気の家にわたくしは生まれ育ったのです。

あと二年で、母がＡＬＳ（筋萎縮性側索硬化症）を発症した齢に達します。わたくしにも二人の子どもがおりますが、介護をさせたいとは思いません。ただ、できればスープの冷めない所にいてほしいと心で小さく呟いています。もちろん、無理にということではなく、それぞれ好きに暮ら

せばいいのですが、親しい人に囲まれて最期を迎えたいという欲望が、わたくしの心にも灯っていることを、ここに白状しておきましょう。
母は一一年間を寝たきりで過ごし、途切れることなく介護をされて、最期はわたくしと妹に看取られました。世間では、「無駄な延命」とか「いたずらに生かされている」ということもあるそうですが、それはそれは大事にされておりました。ＡＬＳで呼吸器を付けた人の在宅介護なんて絶対に無理だよと、病院の医師には言われましたが、それでも本人が在宅療養を強く希望したこともあって、家族は一丸となって在宅人工呼吸療法に挑戦しました。その時のあれこれは『逝かない身体』(医学書院)に書いたのですが、今日はそこに書かなかったことを書いているのです。

とにかく、ＡＬＳは残忍な病いです。日ごと母の症状は重く複雑になっていきました。介護負担に限界があるのなら、退院後の一週間で超えたと思います。不眠不休で介護し、夫や子の世話は二の次になり、家庭の不協和音は二重三重にもなりました。しかし、運命にはあらがえず、ただ流されていくのみ。これがわたくしの宿命だと受容したつもりで頑張りました。それでも見通しは甘かったのです。未来をもぎ取られてしまった時、わたくしは三三歳、妹は三一歳。重度障害者の介護は End of Life Care ではあらず、終わりが見えません。こんな親元に生まれたことを、密かに恨んでいたわたくしでしたが、ある日、今が不幸のどん底だという声がどこからか聞こえてきて、立ち直ることができました。井戸の底から見上げれば、ぽっかりと丸い青空が見えるというような不思議な体験でした。

やがて、訪問看護師さんや保健師さんが週二回ほど半日だけ介護を交代してくれるということになり、そのうえ紹介までしていただいたのが近所の小学校の講師のアルバイトでした。週二回、産休の先生の代行です。一五年ぶりに教壇に立ちました。子どもたちとの学校生活は楽しかったのですが、これを続けるという選択肢は思い浮かびませんでした。仕事としてのこだわりが日々の介護の中に生じていました。治らない病気には、粘り強い介護が重要なのです。そして、非常に繊細な、バイタルサインから気持ちを読みとるような介護をしていくうちに、言葉を発せない人の恒常性を保つ介護技術を会得していました。

こうして振り返ると、否応なしに始めた介護でしたが、その後の人生を決める重要な修行期間だったのです。そして二〇〇三年。介護保険に三年遅れて障害者の介護制度「支援費制度」が始まったのを契機に、わたくしは実家の中に介護事業所を立ち上げました。そして、経済的にも自立し、わたくしを雁字搦めにしていた家族からも自由になったのです。難儀していた夫婦関係も整理して、良妻賢母の殻を内側から破ることになりました。人類の苦悩を一身に引き受けたようなALS。母はその身をもって介護を教えてくれたばかりか、男性上位の家から娘を導き出し、介護一筋で生きていけるように自立させたのです。

今日は二〇一九年一〇月一二日、巨大台風一九号が東京に近づいてきています。わたくしは早朝から実家に来て、老いた父を見守りながら、電話番とこの原稿の執筆をしています。患者さんやヘルパーさんからのＳＯＳに備えているつもりですが、最近の患者さんは、災害時の備えが普段からできていて、長時間の停電にも自宅で耐えられるのです。そして、患者家族を陰ながら支えているのが、二四時間三六五日稼働しているヘルパーさんたち。末席ながらこの事業所も、在宅人工呼吸療法に携わる介護派遣の一翼を担っています。これまで辛いことも多々ありましたけれど、母の介護をさせてもらえてよかったのです。わたくしの人生は大きな路線変更を余儀なくされましたが、一周回って今となっては両親に感謝してます。

かわぐち・ゆみこ　一九六二年生。福祉事業家、著述家。ＮＰＯ法人ＡＬＳ／ＭＮＤサポートセンターさくら会副理事長。著書『逝かない身体』『末期を超えて』ほか。

体が動かなくなるほどその人らしくなる介護

村上靖彦

Eさんは ALS（筋萎縮性側索硬化症）患者を専門としている介護事業所を立ち上げたヘルパーである。特殊な難病の介護ではあるが、しかしコミュニケーションをぎりぎりまでとりながら願いを聞き取るという実践は普遍的な価値を持ち、（体が動かないという）特殊な状況であるからこそ際立つ。

Eさん　やはりコミュニケーションってすごく大事なところであるので、そこをやっぱりめんどくさいなって思ったりする人種だとちょっと向かないかなあ。

〔…〕本当になんか、介護の仕事なんですけど、なんか人間を見てるっていう感じです。〔…〕ケアに関しても、すごく神経質な方も居るし、大ざっぱな方も居るし、コミュニケーションもなんか「必要なことだけ、伝えてればいいよ」っていう方も居るし、すごく一日中しゃべってる方も居るし、だから本当に一人一人違うので、ただ、その人その人に〔合わせて〕、〔その人を〕理解しよう、するっていう感じですかね。

利用者の個性に合わせるために、理解しようとする努力が必要となっている。真意を読み取るコミュニケーションの努力と、その人らしさの尊重は連動している。小さな願いを介した利用者のその人らしさがヘルパーを通して成就するのだ。引用箇所で「その人その人に〔合わせて〕、〔その人を〕理解しよう」で省略された部分は、「その人の」個性に「合わせる」ことと「理解する」ことが重なってその人らしさが実現する様子をよく示している。

コミュニケーションが困難になることで、逆に利用者その人の個性が際立つようだ。自由に語ることができず、表情も失われるのだからこれは逆説的であるが、介護が媒介することで、体が不自由になるとともにますますその人らしくなる。

Eさん　早い方っていうのは本当にあっという間にコミュニケーションが取れなくなってしまうんですね。年齢が若くても。なので、やっぱそうなると逆に本当に優先順位っていうのを介護者側が理解してこっちから声掛けっていうふうな形になっていきますよね。はい。〔…〕こう接していくなかで「こういうことが好きなんだな」っていうのをやっぱこう感じて。で、カンファレンスとかのっていう場所のときにも「やっぱこうだよね」っていうような、みんなが感じてるときにやっぱすり合わせをして、「じゃ、こういう方向でやっていこう」っていうような感じですね。日々やっぱりヘルパーによって感じることもちろん違うことがあるんで、でも、そういうふうにやっぱり、「あ、でも、こういう共通項があるよね」っていうところで、やっぱ「じゃあここでも、この人の例えば優先事項は」って、「みんなが感じているようにそうなんだね」っていう。

「こういうことが好き」「やっぱこうだよね」と「こう」という短い言葉に意味がある。「こう」で指し示されるポイントが、小さな願望の焦点となるからだ。「優先順位」が「こう」と指し示されはっきりすることで小さな願望をめぐる患者の個体化が起きる。そしてこの個体化とは、ヘルパーによる読み取りを通してのみ起きる。そしてヘルパーはチームとして小さな願望を確かめあう。つまり患者一人のその人らしさが集団の営みとして起きるのだ。そしてこの個体化は、衰弱の経過のなかで起きるリズムでもある。その人らしさが成長ではなく衰弱において実現する。

Eさん　それってやはりコミュニケーション取れてる間に、そういうのも、会話をして、こっちが感じて、もうちょっとそれ会話をして、こう、読み取りとかをしているので、そう、何が好きかとかっていうのを例えばライブに行くのが好きな方だったら、どんなバンドが好きかってのも、分かるわけですよね。話して。コミュニケーション取りにくくなってきても、例えば目がなかなか開かなくなって、パソコンの画面が見れないような状態になっても、「何とかっていうバンドのライブの先行予約入ってますよ」とかって、一応こうしゃべってあげるとって、行くか行かないか、イエスノーを取れさえすれば、「チケット取れますか」って言って、イエスだったら「じゃあ、取ってきます」っていうふうに取れるんで。〔…〕っていうそういう楽しみをまだ、残せている。〔…〕やっぱり落ちてくのが分かるので、いかにその利用者さんがストレスを感じないで、その本人が優先したいことを優先してこっちがこう、提示ができるかっていうところもすごく大事なところですかね。特に進行が早い方は本当に。はい、はい、大きいかなって思いますすね。うん。

この引用でも「こう」が患者の小さな願いの位置を示している。衰弱は小さな願いに優先順位をつけることを強いる。それゆえにその人にとっての一番重要な小さな願いが際立ってくることにもなる。そしてこの願いの読み取りは元気なときからのケアの蓄積によっている。つまりケアの歴史の成果なのだ。このようにして小さな願いを通した個体化が際立つのだ。そして衰弱の時間性が小さな願いの際立ちと接続することも分かる。

このとき利用者の小さな願いの実現がヘルパーの願望充足となる。それゆえ利用者の個体化とヘルパーが実践者として現実化するプロセスとは連動する。他者の生命の連続性を維持する人、他者の小さな願いを実現することとして自らの望みとする人、このようにしてヘルパーは登場するのだ。どんな障害を持っているとしても、体が動かないとしても、生きていることを徹底的に肯定する人としてプロの介護者は出現することになる。

むらかみ・やすひこ　一九七〇年生。大阪大学教授。著書『在宅無限大』『母親の孤独から回復する』ほか。

「笑顔の法則」

二ノ坂保喜

在宅ホスピスに関わっていると、多くの方の死と生に触れ、その人と家族の人生に出会う。介護(ケア)について深く考える機会をいただいた一人の患者さんとその家族をご紹介したい。

七〇台の男性Sさんは、肝臓癌の再発で抗がん剤治療を受けながら入退院を繰り返していた。新聞記者を務めていたSさんは、家族のことを思いやり、言葉を大切にする方で、「おだやかな気持ちで、一日でも長く、家族と一緒に暮らしたい」と願っていた。

筆者の講演会を聞いた長男の嫁のKさんが、講演の中の「人は死にゆく力を持っている。家族は見送る力を持っている」という言葉に勇気付けられ、在宅ホスピスの相談にみえた。

彼女はまず、「家族が一つになろう」と思い、義父が大切にしていた松原泰道師の『きょうの杖言葉　一日一言』という本から、「和言愛語《わげんあいご》」という言葉を家族の合言葉とし、義父のベッドのそばの壁に貼った。

小学校の養護教諭をしているKさんは、子供たちや保護者からの相談を受けることが多い。彼女は今回の義父のケアにあたり、家族みんなの指針になるものを求め、「笑顔の法則」なるものを作った。（次頁の図）

家族の中での「こまったこと・心配ごと」を家族みんなで、「相談しあう、くふうする、いっしょに笑う」。そして家族だけでできないときは「助けをかりる」ことも必要。そうしてその経験が家族みんなの「宝物になる」ということを示したもので、これを「笑顔の法則」と呼んだ。

家族の心配事、一大事を「家族みんなの宝物」にしようという発想の転換はその後の家族の絆を強めることになった。笑顔の法則の図に従って、セルフケア、家族ケア、コミュニティケアの視点からSさんの在宅ホスピスを振り返ってみたい。

セルフケア

在宅ホスピスが始まって二カ月ほど経ち、ゴールデンウィークが近づいた。四月の終わりにSさんの小中学校時代の同窓会が開かれた。徐々に食事が入らなくなり、トイレ歩行も困難となっていたが、何とか体調が整い参加できる見通しがついた。ところがその朝、「きょうの同窓会には参加しない」と言い出した。自分の辛い姿を見られたくなかったのかもしれない。Kさんは「今、ここ、一期一会」という言葉を紙に大きく書いて仕事に出た。葛藤の末、Sさんは同窓会に参加し、仲間とビールをのみ、お寿司を食べて帰宅した。

その後見違えるように活気が出て、五月の連休には念願だった九重までのドライブに出かけたり、孫たちと庭でバーベキューをしたり。「なかなか思い通りにならない人生だったけど、今が、人生のゴールデンウィークやね」とつぶやいた。

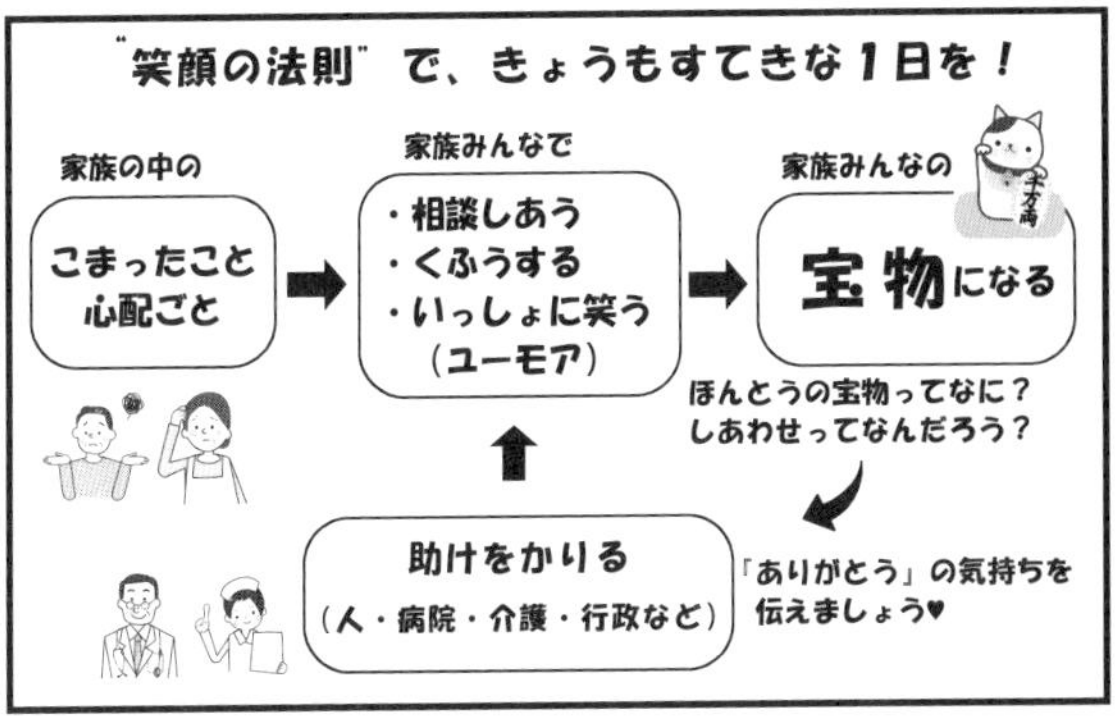
"笑顔の法則" で、きょうもすてきな1日を！
家族の中の
こまったこと
心配ごと
家族みんなで
・相談しあう
・くふうする
・いっしょに笑う
（ユーモア）
家族みんなの
宝物になる
ほんとうの宝物ってなに？
しあわせってなんだろう？
助けをかりる
（人・病院・介護・行政など）
「ありがとう」の気持ちを
伝えましょう♥

家族ケアと魂の痛み

五月下旬、当院（にのさかクリニック）で開かれたコンサートにSさん一家も参加した。帰りの車の中でSさんが突然「お母さんを残して死んでいくのは心配でたまらん。もう少しでいいから生きていたい」と妻のことを想って泣き出した。Kさんも一緒に涙を流した。本人も家族も、毎日の生活の中で弱音を吐けなかったのだろう。

その後も病状は着実に進行した。Sさんの妻も介護疲れから倒れることもあった。Sさんが急に胸が苦しい、と訴えることもあった。毎日が「暮らしのすぐそばに〝死〟がある」ような日々だった、とKさんはのちに語っている。

ある晩「すぐそこまで〝死〟が迫って来ている」「今まで観念的だった〝死〟が現実になりそうで」とSさんが言い出した。Kさんは、「死ぬことについて話がしたいんですね。私はそのためにご縁があって、この家に嫁いで来たんだと思います」と静かに手を握り、「心配しないで。〝死〟のことを口にしたからといって、ドラマみたいにことっと死んじゃうわけじゃありませんから。死ぬまでには、もう一苦労ありそうですよ」と話しかけた。このような「魂の痛み」に家族がどのように接したらいいのか、今でも答えはわからない、「死のその時まで、お父さんのそばにいますよ」と伝えることしかできなかった、という。

コミュニティケア(在宅ホスピスケアチーム)

ベッドの脇の壁には、これもKさんが作った「連絡先リスト」が貼ってあった。にのさかクリニック、訪問看護ステーション、緩和ケア病棟、がんセンター、訪問歯科、などの連絡先とともに、行政関係、介護関係、それに、もしも……として葬儀社やお寺の連絡先も。もちろん家族の電話番号も貼ってある。Sさんの在宅ケアを支える各種機関を漏れなくリストアップすることで、在宅ホスピスがいろんな人たちに支えられていることが伝わってくる。

リストには、義母の不安と負担を和らげるために「ありがとう」の言葉と、「大丈夫。あわてないで」というメッセージが添えられていた。

希望につながる言葉

最後の願いとして、当院の広報誌『ひまわり』に寄稿してもらった。彼が我々に「恩返しがしたい」と言っていたからだ。ようやく完成した『ひまわり』が同窓生にも届いた翌日、Sさんは亡くなった。添えられた手紙から。「この病を得たことで、人生とは？　本当の幸福とは？　と考え、家族と語らう時間を持つことができました。……私の言葉で感謝の気持ちを伝え……希望につながる言葉を紡ぎたい……」。

にのさか・やすよし　一九五〇年生。医師、福岡市・にのさかクリニック院長。第三回赤ひげ大賞受賞。著書『逝くひとに学ぶ――在宅医が看取りを通して語る』『さいごまで「自分らしく」あるために――ホスピスの現場から』（いずれも共著）ほか。

二ノ坂保喜

III

樋口恵子
熊谷晋一郎
今村登
渡辺一史
須藤シンジ
山内明美
西村ユミ
山本譲司

家族急減社会（ファミレス社会）を目前に

樋口恵子

介護について、基本的にこう思います。
1、介護は人間しかしない営みで、人間の証明です。
2、介護をどう支え合うかを通して、その社会の性格と品格が示されます。
3、介護する人が幸せでなかったら、介護される人も幸せになれません。
人生五〇年時代の日本の介護は、家制度の中の女性、多くは嫁に担われてきました。どんな介護が行なわれているか、個々の家の事情は闇の中でした。二〇〇〇年四月施行の介護保険法は、その闇に差し込むサーチライトでした。日本中の町角に、介護がはじけ、照らし出されました。道路にデイサービスの車が行き交い、ヘルパーに付き添われて買い物に行く高齢者の姿が町の風景となりました。

介護はいつ誕生したか。法律的には一九六三年制定の老人福祉法に、特別養護老人ホームへの入所措置に関して、「……常時の介護を必要とし、かつ、居宅においてこれを受けるのが困難なもの」(第一一条)とあるのが最初と思われます。その後「介護福祉士」などの国家資格の創設、何よりも前述の介護保険法施行によって、介護という言葉は日常会話に定着しました。それ以前は、家族による高齢者の世話は、「看病」とか「面倒みる」などと言われました。寿命の伸長と老衰期間の重厚長大化によって、人間の一生の末期に突如として誕生し、かつ成長を遂げているのが介護というライフ・イベントなのです。介護は、昔から家族がやってきた営みではなく、平和と豊かさの結実としての長寿化によって生じた新たな国民的課題です。介護保険制度の創設にあたって、家族で介護を担うのが日本の伝統、とする勢力とのせめぎ合いがありました。

この間の介護への対応策が十分でなかったから、現在の極端な少子化状況が到来した、と私は思います。基本的な少子化は一九五〇年ポスト団塊世代が生まれた出生率三・六五から、一九六〇年の二・〇〇へ、ほとんど半減したときに始まりました。このとき、実質的に「嫁」候補の人材は量的に絶滅危惧種となっていましたから、新憲法・新民法にもとづく夫婦対等の家族に移行すべきでした。にもかかわらず、当時の親(私たちです)世代は、「わが家専属の嫁(婿)」を求めたため、ここで婚姻率が急激に低下、二〇一九年現在、男性の五〇歳通過時非婚率は約二〇%に達するようになりました。親の介護は社会がどんと引き受ける、と公約して、この世代に身軽な結婚の楽しさを提供すべきだったのです。

今、現役世代(二〇〜六〇代)に、子のない人はたくさんいますが、親のない人は少数派。その前途には介護が待ち受けています。毎年の介護離職者は一〇万人以上、少子家族では介護を子の世代では受け止め切れず、孫世代が担当する「ヤングケアラー」が顕在化しています。

介護家族たちが仕事と介護を両立できる政策を、心から望みます。ワーク・ライフ・バランスと言いますが、ワーク・ライフ・ケア・バランス。育児・介護を含めたケアと、ワーク、ライフ(私的生活)を人々の暮らしの三本柱に据える必要があると思います。ケアは、私的社会的双方の領域で、誰もが担う必要がある仕事ではないでしょうか。

私自身、五〇歳直前に母・私・中学生の娘三人家族の母が倒れ、自由業かつ身寄りも少なかった私は、「失業」の恐怖におそわれました。やっと見つけた病院に入れたら、「親を他人にまかせて」とむしろ女性陣から批判されました。「嫁」が義父母の介護のために退職するのは当然の自然現象で、「残念だ」と言うことさえ許されませんでした。一九九七年、私たちが全国調査をしたところ、全国の自治体の外郭団体などのうち約三割が「介護嫁表彰」「模範嫁表彰」などの名で、介護家族を表彰していました。隠れた介護が地域社会の表面に出る利点もあったでしょうが、「表彰」は全体として女性の心を束縛したようです。その少しあとで実現した介護保険法の実施は、最後まで難航しましたが、介護の風景をまるでフィルムのネガとポジのように反転させた感がありました。

二〇〇〇年九月、介護保険制度スタートの年、長野市で開かれた私たち「高齢社会をよくする女性の会」全国大会の会場で中年の主婦が私のハンドバッグのポケットに「あとで読んで」と手紙を入れて駆けて行きました。

「現在私は四七歳、要介護度5の痴呆(当時の言い方、現在は認知症)の義母を自宅でみております。介護保険が始まるまでの二、三年、一言で言い表せない苦悩と絶望と混迷を経験いたしました。夫と娘二人にとっても同様でした」

「今、毎日デイサービスを受け、どうやら平常の生活が与えられてきた状態です。この介護保険制度がだれの心と体を一番救ったか、それは長男の嫁であると思います」

「樋口さん、私には一時はあきらめていた私の人生が一本の道として見えてきたのです」

この手紙は、認知症の人の家族に対し、経験者として「及ばずながら他の方の力になりたい」と結ばれていました。社会保障、そして社会的支え合いの好循環のモデルを見る思いでした。

高齢人口急増時代を迎え、財政の問題もあり、介護保険制度の前途は必ずしも明るくありません。しかし、急速な出生率・婚姻率の低下に伴い、親族・家族という関係者がかつてに比べて急激に減少する（ファミリーレス）社会がもう目前です（私は家族急減社会（ファミレス社会）と呼んでおります）。そのような社会に、家族でなくとも老いを支え合う前提をつくった介護保険制度は、未来への先鞭を付けたと思います。

血縁・姻族でないと支え合わない社会よりも、そうでなくても支え合うほうが社会としてもいささか上等ではないかと思っています。

介護保険法施行から二〇年、私も六〇代から八〇代となりました。当時は「介護する側」から発言しましたが、いつの間にか「介護される側」に身を寄せています。「介護され上手」ってどういう存在かと思案しています。その間、介護する側も年をとり、七〇代の嫁や家族が「主たる介護者」世代となりました。

ひぐち・けいこ　一九三二年生。NPO法人高齢社会をよくする女性の会理事長。著書『老〜い、どん！　あなたにも「ヨタヘロ期」がやってくる』ほか。

高齢者支援が障害者運動から学んでほしいこと

熊谷晋一郎

介護は根源的に、介護する側・される側の間で、暴力的な関係に転落する危険性をつねにはらんでいます。そうした暴力をはじめ、人権を侵害されることのない暮らしを求めて、障害者運動が行われてきました。

一九七〇年、母親が障害のある子どもを殺める事件が起こりました。この事件に対して世間からは、母親に同情する声はあっても、殺された子どもがかわいそう、という声はほとんどあがらなかったのです。

事件の影響を受け、これまで介護を担ってきた家庭に代わり、障害者の介護を行う大規模な施設が作られるようになっていきます。しかしそれで救われたのは、介護してきた立場の人々であって、当事者である障害者たちではありませんでした。障害者を救うことには、結果としてつながらなかったのです。それゆえ、当事者である障害者たちは声をあげ、暴力に支配されることなく自立して生活できる環境を求め、運動を行ってきました。

この障害者運動が目指したのが、「地域」という介護支援の場です。家庭や施設と、地域は何が違うのでしょうか？　大きな違いの一つが、介護者と障害者の比率です。介護の場が家族や施設だけであれば、障害者はこの家族、このスタッフに介護してもらわないと、生活が成り立ちません。もしある介護者に暴力を振るわれたとしても、逃げ場がないのです。ですから、閉じられた関係においては、こうした暴力の恐れに耐えなければならず、介護者にとってやりやすい、「気に入られる」ような自分であろう、とならざるを得ません。

もしも、より開かれた、頼る先の多い関係性だったらどうでしょうか。支援先が一〇も二〇もあれば、介護者の一人が暴力的だったとしても、あるいは人としてどうしても合わないというようなことがあったとしても、その人とは距離をとり、別の九人、一九人に頼ることができます。一人の障害者がたくさんの支援者を頼ることができれば、暴力のリスクを減らすことができるのです。依存先を増やすことで自立する、これが地域に支援の場を移すことの大きな意義でした。

こうした障害者支援の運動は、障害のある人々が平等に生きるための、人権を保障するための戦いだったといえます。その結果、障害者基本法、障害者総合支援法、障害者差別解消法といった、障害のある人々の人権を守る法制度が少しずつ整備されてきた歴史があるのです。

これに対して、介護保険制度はその考え方が全く異なります。この制度の基本的な考え方は、原則的に高齢者の介護は伝統的家族観に基づき家族で行い、それでは難しい場合に介護保険を適用するというものです。障害者におけるそれと異なり、高齢者主体の制度ではなく、介護する側が主体の制度といえるでしょう。

ゆえに、介護を受ける側の像は限定的です。家の中にいて、経済活動をしていない、そういった高齢者が介護対象者のイメージ。介護保険は通勤や地域行事への参加など、働いたり社会参加したりするために利用することができないのです。

こうした二つのパラダイムは、高齢障害者の介護においてぶつかることになります。厚生労働省の見解としては、まずは介護保険の提供が優先され、足りなければ障害者支援を行う、という原則になっています。つまり、優先的に高齢者支援の側のパラダイムが適用されます。他方で、旅行、外出、通学、労働といった、障害者にこれまで保障されていたはずの権利が、高齢障害者には認められない恐れがあることになります。人権の視点から見て、これまで障害者が求めてきたような機会の平等が保障されないのは、大きな問題でしょう。

介護保険制度は、上述のとおり「介護する側」の論理で作られたといえます。もちろん、家族の中でケアを無償で押し付けられた人、特に女性を解放してきたという点では大きな意味があります。介護を「脱家族化」してきた、という側面において、障害者の支援と高齢者の支援の間には共通点があるといえるでしょう。

その一方で、この二つのパラダイムの違いから考えうることも多くあります。障害者支援のパラダイムの側から見ようとすれば、限定的な高齢者像を対象に設計されている介護保険制度は、介護を要する高齢者が、平等に生きるための制度であるとはいえないでしょう。

こうした状況を変えていくには、障害者運動の歴史が参考になるのではないかと思います。前述のように、介護を受ける側としての障害のある当事者が、人権の保障を求めて声をあげ戦ってきたことで、様々な権利の獲得に至った経緯があります。同様に、まだ数は少ないと思うのですが、高齢者が当事者として、社会で平等に生きていくために何を求めるのか、声をあげていくことが必要なのではないでしょうか。そのためにも、先例としての障害者運動やその歴史について、ぜひ学んでいただきたいと思います。

くまがや・しんいちろう　一九七七年生。小児科医。東京大学先端科学技術研究センター准教授。著書『リハビリの夜』『小児科の先生が車椅子だったら』ほか。

みんな一度は障害者になってみるといいよ

今村　登

僕は二九歳の時、河原の堤防を駆け下りるという幼い頃の遊びを久しぶりにやって失敗して首の骨を折るという、おっちょこちょいなケガで中途障害者（頸髄損傷）になりました。日本のトップレベルのリハビリセンターに行きましたが、自分の希望するチャレンジはあまりさせてもらえず、「諦めが肝心」という空気に包まれていました。それで自分で動くしかないと情報を集めるうちに、米国のトップクラスのリハビリセンターを見学する機会があり、「あなたが今までしてきたことのほとんどはできます。ただやり方が変わるだけです。だから諦めないで下さい」という説明に衝撃を受けました。手足が動かないならテクノロジーを駆使すればいい、とにかく最大限の可能性を提供するという姿勢に、目から鱗という思いでした。

その後、二〇〇二年に仲間と「どんな障害があっても自分の住みたい地域で自立生活を送れるようにすること」を目指して、ＮＰＯ法人自立生活センターＳＴＥＰえどがわを設立しました。

二〇〇〇年に介護保険がスタートしましたが、障害者は対象ではなく、二〇〇三年四月から支援費制度という全国統一の障害者福祉サービスが誕生しました。ところが、当初は「施設から地域へ」を掲げ、必要な人には二四時間でも介助派遣できるようにすると言っていた厚労省が、制度開始の直前になって、実は介護保険と同じく一日四時間の上限を設けようとしているという情報が回りました。これを受け全国の自立生活センターをはじめ多くの障害者団体が厚労省を取り囲んで抗議行動を起こしました。最終的に「交渉決裂。大臣室突入」という号令がかかって中に突入しました。これ以降、各省庁にゲートができたという話で、僕らのせいかもしれません。

この突入が僕の障害者運動の「デビュー戦」です。障害がある人のことなどろくに考えもせずに約三〇年生きてきて、突然当事者になり、実体験からのわき上がるような怒りもないまま運動に入って、必要性はわかりつつもこのやり方はちょっと怖いなというのが正直な思いでした。

転機は二〇〇四年のイラク人質事件です。自己責任論が吹き荒れ、世論調査では一時期五〇%以上の人が人質やその家族に批判的だったのを見て、とても怖いと思うと同時に腑に落ちる思いでした。僕らはよく「障害がある人について、自分もしくは身内や友人、大切な人のことだと想像してみてください」という言い方で障害者問題を伝えます。そう言いながらも、具体的に何に困っているのかと想像するのは正直難しいだろうと思っていました。一方、イラク人質事件で、自分の身内が海外で武装勢力に拘束されて「四八時間以内に自衛隊を撤退させなければ殺す」と言われれば、誰だって相手が官邸だろうと自衛隊だろうと「何とかしてくれ」と言いたくなるだろうと思ったのですが、これほど想像・共感しやすい状況ですら半数がバッシングする国で、「障害者のことを想像して」と言ったところで通じるはずがないという意味で腑に落ちたのです。

その時、障害者問題だけでなく水俣や原発、沖縄の基地、在日や部落差別など、いろいろな社会問題の根底にあるのは、無関心ゆえの無知、人権軽視、想像力の欠如など、基本的にはどれも一緒でつながっている、それに気付いた人間が声を上げなければこの国はどんどん悪くなってしまう、僕は障害者問題を切り口に、そこから見えてくる社会問題に向き合っていけばいいと思いました。そこから最初は怖いと思った障害者運動が必要なものだと気付き面白くなったのです。

ところで、多くの人が思う「自立」とは、自分で身の回りのことをする「身辺的自立」と、自分の稼ぎで生計を立てる「経済的自立」ですが、それらが困難な障害者の自立生活とは、「自分の住みたい地域に住み、人の手を借りても本人が主体となって生活上の意思決定をしながら暮らすこと」で、自己選択、自己決定、自己責任という三つのキーワードで表します。米国のエド・ロバーツという人が説いたこの自立生活の理念は、一九七〇年代に日本に伝わりました。米国では九〇年に世界初の障害者差別禁止法といわれるＡＤＡ(Americans with Disabilities Act)を作るなど、社会参加を権利として勝ち取ってきました。僕もこの理念に共感し自立生活センターを始めましたが、知的障害を持つ人や親御さんと関わる中で自立を考え直していたとき、安富歩さんの『生きる技法』(青灯社、二〇一一年)の中の「自立とは依存だ」「依存する相手が減るとき、人はより従属する」という言葉に出会いました。これは障害児(者)の親子関係から見るとよくわかって、手を借りる相手が親しかいなければ、外に行きたくても親の状況を窺って諦めていく。しかし友達、ヘルパーと頼める相手に選択肢をもっていれば、やりたいことがやれる可能性が高まります。こうした考えから最近は自己選択、自己決定、自己責任+依存が自立だと言っています。

高齢者も含め、介護に関しては社会保障費の増大が問題だとよく言われます。しかし介護は、人間が生きる以上必要であり続けるもので、持続可能な公共投資ではないでしょうか。また、「障害がある人は人生の水先案内人」と言われるのは、誰しも年を取ればどこかしら不自由になるからで、障害者の意見を取り入れた街づくりや制度は全ての人に暮らしやすいものになるでしょう。介護事業の報酬を上げ、日本全国をバリアフリー化して、障害者も高齢者もたくさんの人に依存しながらどんどん街に出て社会参加する政策に切り替える。人が動けばお金を落とすので、内需拡大にも貢献します。介護を受けなくなる方がよいという価値観を変える時が来ているのです。

米国で誕生した自立生活運動はいま、日本を経由してアジア各国、そしてアフリカや中南米に広がっています。二〇一五年にADA成立二五周年のADA25というイベントがワシントンDCで行われ、日本から介助者含め総勢六〇名で行き、台湾とパキスタンの自立生活センターの人も呼ぶことができました。翌年のADA26では、米国の若手の障害者リーダーたちを全国自立生活センター協議会（ＪＩＬ）の総会に招聘し、ＡＤＡ27ではグローバルＩＬサミットをワシントンＤＣで開くことができて、一九カ国から人が集まりました。その成果が世界中の自立センターのネットワークWorld Independent living center Networkをつくる合意です。略称は頭文字三つをとってＷＩＮで、「勝利」の意も掛けています。

それぞれの国の事情はあるけれど、障害者運動の面白さは、人種、宗教などの違いを簡単に越えて自立生活運動の理念が広がっていくことです。障害で抑圧された経験はみんな似ているからすぐ仲良くなります。米国で生まれた運動がイスラム圏のパキスタンに広がっているのです。もしかしたら、障害者の世界から世界平和ができるかもしれないと、半ば本気で思っています。

僕は「みんなも一度は障害者になってみるといいよ」とよく言うのです。「いろんなことに気付けて、人生面白くなるよ」と。

いまむら・のぼる　一九六四年生。ＮＰＯ法人自立生活センターＳＴＥＰえどがわ代表、全国自立生活センター協議会（ＪＩＬ）副代表、障害者団体「ＤＰＩ日本会議」事務局次長。

制度が充実したことで失われたもの

渡辺一史

「腹減ってきたな。バナナ食べたい！」――二〇一八年に公開された映画『こんな夜更けにバナナかよ　愛しき実話』（前田哲監督）で、大泉洋さん演じる筋ジストロフィーの主人公・鹿野《しかの》靖明さんが、真夜中に介護するボランティアに向かっていう。「食べなきゃ寝れない！」

私が、映画の原作となったノンフィクションを刊行したのは二〇〇三年のことだ。

鹿野さんは、筋ジスで手足も動かない重度障害者だが、二四歳だった一九八三年に障害者施設を飛び出して以降、一八年間にわたって札幌市内でボランティアたちとの自立生活を続けた。当時は障害者への在宅福祉サービスなど皆無に等しい時代だったが、「どんなに障害が重くても地域で普通に生活できる社会にしたい」との思いから、施設や親元を飛び出し、命がけでボランティアを募集しながら生活する人たちが全国に少なからずいたのである。鹿野さんもその一人だった。二〇〇二年に四二歳で亡くなるまでの間、学生ボランティアを中心に主婦、社会人など総勢五〇〇名を超える人たちが介護に関わった。

一般に〝障害者とボランティアの物語〟というと、けなげに一生懸命生きる障害者と、それを支える善意にあふれた献身的な若者たち、という美談や感動ドラマのイメージを思い浮かべるかもしれない。しかし、実際に現場を取材してみると、そんなイメージには収まりきらないことだらけだった。とにかく自己主張が強い鹿野さんは、ボランティアに「あれして、これして」と容赦なく要求し、まさに「わがまま」としか形容しようのない人に思えた。また、ボランティアの側も、何度教わっても介護を覚えられず、鹿野さんから「もう来なくていい！」と怒られる人がいたり、映画で高畑充希さん演じるボランティアがそうだったように、「障害者って何様？」と鹿野さんに感情をぶつけるボランティアもいるなど、生身の人間どうしの〝ぶつかり合い〟が絶えない現場だった。

しかし、私たち健常者が、「人に迷惑をかけてはいけない」という社会的規範に縛られ、悩みを一人で抱え込んだりしているのに比べ、鹿野さんは「できないことは人に助けてもらう」というバイタリティにあふれ、人や社会との摩擦も恐れず素っ裸で生きている迫力があった。

体は不自由で制限だらけの鹿野さんの方が、逆に自由に生きているように思えるなど、「支えること」と「支えられること」が逆転する現場も数多く目にした。結果、多くのボランティアが進路や生き方に大きな影響を受け、福祉や医療、教育の現場などで活躍しているほか、私自身、

「鹿野さんと出会ったおかげで今の自分がある」と感じている一人だ。

ところで、歴史的にみると、くしくも鹿野さんが亡くなった翌年から「支援費制度」がスタートし、障害福祉の制度は大きく前進した。自治体によって運用面での差は大きいものの、鹿野さんが住んでいた札幌市においても、それまで行政交渉を粘り強く続けてきた八名の重度障害者が二四時間の介護保障を市に認めさせた。「障害者総合支援法」に引き継がれた現在、介護をボランティアに頼るという状況はほとんど見られなくなっている。

しかし、制度が充実化の方向に向かい、重度障害者が地域で生活できる基盤が整いつつある一方で、最近ではそのデメリットも指摘されることが多くなっている。

例えば、若い世代の障害者たちは、生まれたときから介護をサービスとして享受できる環境が整い、かつて命がけで施設を飛び出した先行世代とは違い、蛇口をひねると水が出るように、事業所に依頼をすれば、プロの介護者が派遣されてくる。また、介護者に不満があれば事業所にクレームをつけがちで、お互いが対立や葛藤を努力して乗り越えることによって、深い信頼関係を築いていくという機会も減ってきたように思う。

加えて深刻なのが、介護業界全体を取り巻く人手不足だ。いくら制度が充実しようが、どこの事業所も慢性的な介護者不足に悩まされており、そのことが障害者の地域での生活の質にも直結してしまうという現状がある。

大切なのは、制度が充実したことで、逆に失われてしまったのは何なのかをしっかり見すえなくてはならないという点だ。私は、二〇一八年に出版した『なぜ人と人は支え合うのか』で、今でも一般市民から広く介護者を募集し、自ら介護者を育て、障害者と健常者が共に生きる意味を社会に発信し続けている当事者の試みなどを紹介した。私自身、介護分野の資格（介護福祉士実務者研修修了者）を取得し、施設や病院から地域移行したいという障害者を支援することも多くなった。制度が充実した今だからこそ、障害者にも健常者にも、自らの生をより豊かにするさまざまな取り組みの可能性が広がっているのではないかと私は思っている。

わたなべ・かずふみ　一九六八年生。ノンフィクションライター。著書『こんな夜更けにバナナかよ――筋ジス・鹿野靖明とボランティアたち』『なぜ人と人は支え合うのか――「障害」から考える』ほか。

渡辺一史

超福祉
——街を媒体に混じり合い、持続可能な未来をつくる

須藤シンジ

私たちは、街づくりのNPOを東京都渋谷区に立ち上げ、インクルーシブ・ダイバーシティ／多様性に寛容な社会の実現をゴールに据えて活動している。

それは、今年(二〇一九年)二四歳になる私の次男が出生時仮死、重度の脳性麻痺を伴って生まれてきたことに活動の端を発する。当時世の中では「バリアフリー」「ユニバーサルデザイン」が歓迎され始めていた。複数ある障害種別の中でも、身体障害者を対象にしたモノや設備に、社会的弱者への「優しさ」が託された時期だった。

まさか障害者の家族として行政サービスを受ける側になろうとは、正直その時まで考えてみたこともなかった。だが、その後の諸活動を通して考えざるをえなくなる。息子は将来独立した生活を送れるのだろうか？　現行制度の中で、彼や彼のような医療や福祉の受益者たちが一人で生

活していけるのだろうか？　現実を知れば知るほど、日に日に暗澹たる思いが募った。

他方、仕事で諸外国に赴く折、行く先々で「障害者の父」という目線でいま一度見回してみると、そこには範となる風景が溢れていた。中でも、道ゆく人の「手」を借りる、あるいは、あたりまえのように他人に手を貸す「習慣」を立ち上げて行くことに活動の端緒を見出した。いま既にあるものと、いま目の前にいる人のチカラを使うのだ。

ここ数年、「心のバリアフリー」というフレーズが喧伝され始めている。マイノリティとマジョリティの間にはいつでも「壁」が存在する。障害者と健常者では「壁」は双方にあるように見えた。それは、できれば関わり合いたくない・自分とは縁なきものとしたいというニュアンスを含む、スティグマと呼ばれるものであると気付いた。

この壁を越えるのではなく「超えて」いくために必要な要素があるとすれば、人権の旗を振るだけでは難しいとも感じた。誰もがワクワクするような空間での、同情を排した想像力をかき立てる工夫が必要だ。一〇年にわたる諸活動を経て〈ピープルデザイン〉という概念が生まれた。心のバリアフリーをクリエイティブに実現する思考と方法論がそれだ。

渋谷区での活動に加え、二〇一四年七月から神奈川県川崎市と包括協定を締結した。ダイバーシティの街づくりを地域の価値にする取り組みの一環として、市長を座長にした庁内横断組織を骨格に、さまざまな施策を展開中である。その一部をご紹介したい。

私たちは、福祉事業所に通う障害者の方々に、華やかなイベントの表舞台で、スタッフとして働いていただく企画を始めた。「心のバリア」の深因を、彼らと関わる経験が極度に少ないがゆえの「無知」＝「無知の裏側にある〝恐怖〟」と想定し、「慣れる」ことが氷解の一歩だと考えたからだ。

それを教科書で学ぶのではなく、スポットライトの当たるオンステージの「経験」として、障害者・健常者双方に体感してもらうことが狙いだ。基本的なスキームは、おおむね四時間の実働に対して一人二〇〇〇円の交通費を支給する、障害者の就労体験というたて付けだ。

たとえば、Jリーグ・川崎フロンターレの全ホームゲーム等で、障害者の方々を招待するのではなく、もてなす側に回って働いていただく取り組みが定着している。

「サッカーの仕事のために等々力《とどろき》競技場に行く」「イベントの手伝いに×××に行く」その言葉の響きには、語る本人の静かな自信が溢れてくる。過去五年間で、川崎市でのこの取り組みには、累計二五〇〇名(二〇一九年一二月時点)を超える、福祉事業所に通う知的・精神障害者、引きこもり、ホームレスの方々が参加した。

驚くべきことに、参加者中約一割の方々が一般就職を果たした。この取り組みはJリーグ本体をも動かし、現在、同団体が主催する社会連携プロジェクトにまで発展を見せている。

直近の試みとしては、東京大学先端科学技術研究センターの近藤武夫先生と連携して、数十分単位や数時間単位で、週二〇時間未満働き、全国加重平均の最低賃金を支払う「超短時間雇用モデル」を導入している。

複数回このプロジェクトに参加された知的障害者の親御さんの言葉は忘れられない。

「見ず知らずの人から〝今日もありがとう〟って直接言われる経験で息子は変わりました。自宅と施設の往復以外できることはないと思い込んでいたのは、私の方でした」

従来型福祉、中でも障害者に対する印象は「気の毒な」「可哀想な」であったのは否めない事実だろう。私たちの試みは、それを「楽しい」「ヤバイ」という形容詞へと転換していくことを狙うものだ。隠れていたものを見せ、分けられていたものを混ぜる。そして知らなかったことを知る。

昨今、共生社会の実現が叫ばれているが、共生とは、時間を共有してこそ生まれる共同体の習慣だと考えるに至った。それはまた、それぞれの困りごとをお互いが引き受け合うという、社会での習慣でもある。

行政に頼り、苦言を呈し、陳情すれば何とかなった時は終わった。意志を持って地域や行政に関わり、私たち市民や職業人の一人ひとり、一社一社が、企業そして市民として持続可能な地域、街、国の未来をどうつくっていくのか。その主体性が問われているのだ。

街を媒体に、新たな選択肢とシステムをつくる立場を、私たちは手に入れる時だと考えている。

「主体性？　そう言われてもね」

あなたはそう思うかもしれない。

私は障害児として我が家にやってきた次男に生きるヒントをもらった。

答えは、既にあなたの中にある。

すどう・しんじ　一九六三年生。有限会社フジヤマストア／ネクスタイド・エヴォリューション代表、ＮＰＯ法人ピープルデザイン研究所代表理事。デルフト工科大学/Design United/リサーチフェロー。

被災家族と介護

山内明美

東日本大震災から八年を経た二〇一九年三月時点で、三陸沿岸部の介護施設の待機者は軒並み一〇〇人を超えている。要介護認定者の数は、東日本大震災以後は加速度的に増えており、二〇一〇年から二〇一八年にかけて一六%上昇している。避難所での生活が難しい要介護のお年寄りのケアは大きな課題となったが、しかし、発災後九年を迎えようとする現在、施設が復旧してもなお、介護問題は収束しない。介護職員が不足しているのである。復興公営住宅で暮らす独居のお年寄りが体調を崩し退院後に認知症が進むなどして、要介護へ移行する事例が多く、生活保護受給者も大半を占め、三陸沿岸部でも、身寄りのないお年寄りは少なくない。

二〇一二年の夏だった。

津波被害が大きかった南三陸では、まだ瓦礫の処分もままならず、八〇センチ地盤沈下した海沿いは、すこし大雨が降っただけでも国道が海に沈んでしまうほどだった。かつては町の中心部でそれなりににぎわっていた商店街周辺は浸水域となり、まるで荒野だった。人の姿はなくなった。車で一時間ほどの隣町にも仮設住宅が建てられ、かつて町の中心部に住んでいた人たちの多くが町の外へ仮住まいしていた。そのまま隣町へ移住した人も少なくない。

東日本大震災から一年後、私は大学院を休学して、郷里の宮城県南三陸町へ戻った。「復興ステーション」と名づけられた被災地拠点に籍をおき、仮設住宅でワークショップをするなどの活動をしていた。けれども、何をやっても何の役にも立っていないと感じる毎日の連続だった。被災した町の姿のどこをどう見たって、無力感と脱力感しかなかった。

ある日。高校受験を控えた女の子が、母親と一緒に私の仕事場にやって来た。「相談がある」という。はじめは、進学相談なのだろうと思った。でもそれは、すこし違っていた。それは確かに進学相談には違いなかったけれど、気が遠くなるような話だった。

中学二年の時に学校で被災した響ちゃんは、とても仲の良かった友達が震災をきっかけに遠方へ引っ越してしまい、不登校になってしまった。抽選で当たった仮設住宅は中学校からスクールバスで一時間の隣町だ。両親の判断で、響ちゃんは、仮設住宅から近い隣町の中学校へ、中学三年になる時に転校することになった。一時は不登校になった響ちゃんだが、もともと活発な女の子で、新しい学校に友だちもでき、元気に登校するようになっていた。響ちゃんの両親は、南三陸の中心部にあった商店街でカフェを営んでいたが、津波で店も住まいもすべて失い無職状態となり、さらに響ちゃんの母親は、自分の両親と夫の親の双方を介護しているのだと話してくれた。町の介護施設も流出してしまい、被災地では誰もが自分のその日の暮らしで精一杯で、手を差し伸べてくれる人はいない。そのことだけでも、過酷な日々だということが分かった。お父さんは津波のショックでこのところお酒を飲むようになっていて、家族三人で狭い仮設住宅に暮らしている響ちゃんにとっては、疎ましく堪えがたいようだった。繰り返し「お父さんがとても嫌だ」と話した。お父さんは、日常生活に支障はないものの、障害者手帳を持っている。

ある日、転校先の中学校にいるとき大きな余震が起きた。響ちゃんは、気を失ってその場にばったりと倒れてしまった(あの頃、余震が起きるとパニックになった子供たちが気を失って倒れるという話を時々聞いた)。保健室で目が覚めると、響ちゃんは、自分が記憶を失っていることに気がついた。津波のあった三月一一日からの記憶がすっかり消えていた。転校したばかりの学校の先生や友達の名前も思い出せない。学校で習った授業の内容も忘れてしまった。受験を控えた彼女はパニックになった。高校に進学できるだろうか。この先、自分はどうなってしまうのだろう。それが、おおまかな「相談」の全容だ。

響ちゃんが、私のところへ相談に来たのは、記憶喪失からひと月ほどたった頃で、その時点で記憶の八割くらいは戻ったとのことだった。私はすこし安心して、それでも、大学院の宮地尚子先生からアドバイスをもらい、まずは受験のことは考えずに、育ち盛りの脳を休めることが大事と伝えた。地震と津波のショック、家を失ったこと、学校の転校や家族のことなど、処理する情報量があまりにも多いため、記憶喪失になることはむしろ健康な証拠なのだというコメントをそのまま伝えることにした。ただ、この時点で宮地先生が「響ちゃんよりも、むしろご両親の方が大変かもしれない」とつぶやいたことが心に引っかかっていた。

その後、秋になって響ちゃんのお母さんから連絡をもらった。響ちゃんが、推薦で高校に合格したという嬉しいニュースだった。これでひとまず、響ちゃんの問題は解決したと、私は思っていた。

けれども、被災地の現実はそう簡単ではなかった。

二〇一二年の暮れ、復興ステーションのリーダーの鈴木さんから「響ちゃんのお父さんが、仮設住宅の玄関で倒れて亡くなった」と伝えられた。

私はその時になってはじめて、宮地先生の言っていた「ご両親の方が大変かもしれない」という言葉の意味を理解した。被災した響ちゃんの家族がどれほど重たい負荷を抱えていたのか、という現実を思い知った。相談を受けたとき、私がもしこの家族に具体的に何かできるとしたら、それは響ちゃんのお母さんの最も大きな仕事になっていた家族の介護を手伝うことだったかもしれない、とその時思った。本当に役に立とうと思うなら、具体的に彼らの仕事のいくつかを分担することなのだ、と。

新しい仕事を探さなければならないというお父さんの焦燥。そのなかで、日々の生活のやり繰りと両親の介護を必死に務めていたお母さんが、家族の大黒柱のようだった。そうした毎日の重荷をすこし肩代わりすることができれば、何かが違ったかもしれない。あの時も、今もそんなことを思う。家族の抱えた苦悩が堆積して、そのまま響ちゃんの身体に記憶喪失として現れたのかもしれなかった。被災家族の苦悩の連鎖が、どこでどのように悲鳴をあげるのかは分からない。

災害多発列島で高齢化時代を迎えることの難しさが、この被災家族に縮図化されている。避難所、仮設住宅、復興住宅といった復旧段階ごとに対応が迫られるが、どの段階においても介護者が足りない。介護問題が解消されない限り、被災家族の震災は終わらないのではないか。

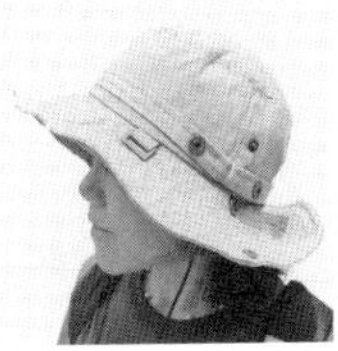

やまうち・あけみ　一九七六年生。宮城教育大学教育学部准教授。社会学。著書『こども東北学』『「東北」再生——その土地をはじまりの場所へ』(共著)ほか。

介護がコミュニティを拓く

西村ユミ

私が〝介護〟と聞いて思い出すのは、高齢介護者の調査を行っていたときに出会った老夫婦のことである。介護保険法施行のしばらく前、一九九〇年代後半のことだ。脳血管障害の後遺症をもつ夫を、妻が、誰の手も借りずに三〇年間以上、世話をしていた。

こうした世話は〝老老介護〟と呼ばれるが、当時このあり方は、社会問題とされていた。それは、高齢介護者が入浴介護中などに急性疾患を発症し、要介護者ともども亡くなる事故がたびたび報告されたためだ。私が看護師として働いていたときにも、気がかりな家族がいた。まだ、訪問看護制度ができる前で、早期に自宅に退院するという発想もなかった。が、こういう時は当事者の方が先進的である。神経難病を患い全身がうまく動かなくなった四〇代の女性が、自宅に帰りたいと訴え、八〇歳代の義母が自宅で介護役割を担うという。生活支援サービスが整っていない状況での提案だった。多くの方々の支援を受けて無事に自宅に帰ったが、義母の二四時間にわたる介護負荷はいくばくのものだったか。それが心に残って計画したのが、先述の調査であった。

　この夫婦のことが印象深いのは、さらに次のような出来事があったためだ。子ども世帯と同居するために自宅を改築するあいだ、一時入院をしていた夫が、改築を済ませた家に戻ったとたんに病状を悪化させて亡くなり、その後、妻も記憶障害となって入院した。長期にわたって二人で暮らしてきた生活は、彼らにとって馴染んだ日常であったかもしれない。それがかえって、変化を受け入れ難くしてしまったのか。二人がセットになって一つの暮らしを成り立たせているという状態が、一方を亡くすことで、他方の存在をも成立し難くしたのか。これを経験して、家族のみが介護を抱え込むことの課題を、強く考えさせられた。

　この数年後に介護保険法が施行された。改正介護保険法(二〇一二年)には、「地域包括ケアシステム」という理念のもとに、高齢者が住み慣れた地域で暮らし続けることができるための仕組みの構築が推進された。訪問看護ステーションも増え、地域は、多様な社会資源のネットワークで張り巡らされ始めている。今であればあの老夫婦は、地域に開いた生活をしたであろうか。

　しかし、私たちの価値観は、そう簡単に変わりはしない。しばらく前に、認知症の当事者と家族の語りを素材として文章を書く機会があった。その語りは、「認知症当事者の会」が発足し、国による「認知症施策推進五か年計画(オレンジプラン)」が発表された二〇一二年を挟む、二〇一〇〜二〇一五年に聴き取られたものだ。認知症の偏見をなくす運動を当事者自身が行い、国は適切なサービス提供の流れを作ることを提案し、介護を社会に開いていこうとした時期であった。しかしその語りには、社会のみではなく、認知症本人や家族も偏見を持つという「二重の偏見」が見られ、加えて、家族内の役割、例えば長男や長女であること、大黒柱であることが重要視され、どれほど大変な状態にあってもそれぞれの役割に応じた責任を担おうとする内容が見てとれた。認知症の理解やその介護の枠組みが大きく転換されようとした時期を経ても、社会の理解はあまり変わっていなかったのだ。私自身も、仮に同様の状況に置かれた場合、同じように責任を感じてしまうかもしれない。遠距離介護という概念が生まれたのもそれゆえであろう。介護役割を担うために職場を退職する、いわゆる介護離職者が問題視されているのもそれを物語っている。しばらく前に看護師にインタビューを行った際、娘が仕事を辞めて、終末期にある母親の在宅ケアを行ったという話も聞いた。

このような事態を、そして自身の経験や見聞きしたことを振り返って、介護役割を家族の責任とする価値観が、介護保険法の施行後約二〇年を経てもなお、強固に残っていることに気づかされた。が、それもそのはずだ。価値観や習慣は、それを持っている当の本人にもはっきり自覚されていない。さらにその習慣は、人々の歴史が沈澱してできあがってもいる。先の老夫婦であれば、一方が亡くなることが他方の存在を危うくもするような歴史である。家族だけではない。コミュニティも同様の歴史を持っている。

なるほど、今の時代に私たちが求められているのは、自らの価値観や習慣を問い直し、地域共生社会へ大きく舵を切りつつある現代の、そして未来の暮らしを皆で作り出していくことであろう。超高齢社会や人口減少などによる社会の課題は山積しているが、これらを問題と考えるのではなく、こうした背景のもとで、いかにこれまでとは異なる暮らし方を提案できるかが問われているのだ。コミュニティデザイナーの山崎亮は、「ケアするまち」のデザインを推奨する。家族成員の一人がケア役割を担うという発想、つまり介護する者／される者という二分法の枠組みではなく、コミュニティがケアするまちとしての機能を持つように、住んでいる人々が協働して暮らしながらまちを育てること、そのような発想が必要なのだ。ケアを社会に拓いていくこと、それとともに新しい「介護」のあり方を作っていくこと、そして、生きて暮らすことのうちに介護やケアを組み込んでいくこと。これができる社会を皆で作り、皆で生きたい。

にしむら・ゆみ　一九六八年生。首都大学東京教授。看護師。著書『語りかける身体』『交流する身体』ほか。

社会的孤立の先が刑務所という現実

山本譲司

国会議員時代に秘書給与流用という罪を犯した私は、二〇〇一年の六月、一審での実刑判決に従い、刑務所に服役した。栃木県にある黒羽刑務所に入所した私を待っていたのは、寮内工場というところでの懲役作業だった。そこは、障害者や認知症高齢者など、一般懲役工場での作業はとてもこなせない受刑者達を隔離しておく場所。私に与えられた役割は、そうしたハンディキャップのある受刑者に対する作業補助や生活介助であった。失禁者が後を絶たず、受刑者仲間の下の世話に追われるような毎日だった。コミュニケーションをとることすら困難で、自分が今どこにいるのかも理解できていない受刑者もいた。

「おいお前、人の言うことをきかないと、そのうち刑務所にぶち込まれるぞ」

そう受刑者仲間にからかわれた知的障害者が、真顔で答える。

「僕、刑務所なんて絶対にいやだ。ここにずっと置いといてくれ」

悲しいかな、これが塀の中における日常風景だった。

日本の刑務所の場合、受刑者となった者は、まず知能指数の検査を受けなくてはならない。法務省発表の矯正統計によれば、二〇一八年の新受刑者総数一万八二七二人のうち、約一九％が知的障害を表すＩＱ六九以下の者ということになる。測定不能者も多数おり、これを加えると、全体の約二五％の受刑者が、知的障害者として認定されるレベルの人達なのだ。知的障害者だけではない。二〇一八年の全出所者二万一〇六〇人中、約一七％が、精神保健福祉法に基づき、精神障害者またはその疑いのある者として帰住自治体に通報されている。

私の知る限り、障害のある受刑者の多くが寄る辺のない身。出所したとしても、頼るべき人がいない者がほとんどだ。彼らは、家族のみならず、福祉からも見放された存在となっているのである。

障害のある人にとって、我が国のセーフティーネットは、非常に脆い網でしかなかった。毎日たくさんの人達が、福祉とつながることもなく、ネットからこぼれ落ちてしまっている。そして罪を犯すことによって、ようやく司法という網に引っかかり、獄中で保護されている。それが日本の障害者福祉の現実だった。

我が国の刑務所は、高齢化率も、世界の国々のなかで突出して高い。日本社会全体に占める六五歳以上の人達の割合は、この二〇年の間に、約二倍になったが、受刑者全体に占める割合では、約五倍に膨らむ。二〇一八年の新受刑者中、六五歳以上の高齢者に限っていうと、約七三％が再入所者で、そのうち約三割が一〇回目以上の服役となる。軽微な罪での入出所を繰り返し、結果的に、刑務所を終の住処にしてしまっているのではないか。

高齢受刑者の約五六％は、窃盗罪による服役だ。他に、無銭飲食や住居侵入罪も目立つ。二〇一五年の法務省調査によると、「六五歳以上の受刑者のおよそ一七％が認知症傾向」との報告がある。七〇歳以上では、四人に一人が認知症傾向だ。実際、刑務所内には、犯罪を起こした原因として、認知症の影響が疑われる人も少なからずいる。このように高齢受刑者の場合、周囲の無理解や生活苦から服役するに至っているケースが実に多い。

そうしたなか、寮内工場の受刑者仲間には、殺人という重罪を犯した高齢者もいた。いずれも介護疲れによる殺人だ。認知症の妻を絞殺したA。知的障害のある娘と無理心中を図ったB。精神障害のある息子を殺めたC。この三人は、それぞれ自分自身も、重い身体障害を抱えている。それでも必死の介護や介助を続けていたようだが、「事件の前は、精神的に追い詰められていた」と、三人は口を揃えて言う。当然のことながら、命を奪ってしまう結果になったことについては、悔やんでも悔やみきれないといった様子だった。

我が国では、他殺により命を奪われる人の数は、年々減少し続けている。戦後、一九五五年の年間二一一九名というのが最多となる犠牲者数で、一九八〇年代には、それが半数に減る。そして、二〇一六年の年間犠牲者数は、三〇〇名を割り、二九〇名となった。にもかかわらず、介護疲れによる殺人の件数は、一向に減る気配はない。警察庁の発表では、二〇一六年における二九〇名のなかで少なくとも四六名は、介護殺人の犠牲者だ。一方でこの年、介護疲れからの自殺者数は、分かっているだけでも二五一名。ちなみに二〇一六年は、神奈川県内の知的障害者入所施設で、一度に一九名もの入所者の命が絶たれる事件が起きた年だ。

これらを踏まえると、福祉がまともに機能してさえいれば、年間三百数十名の命は失われずにすんだということになる。「社会全体で支え合う福祉」を謳い文句に介護保険制度を導入した我が国。しかし、現状はどうなのか。他殺による死者の六人に一人が介護殺人の犠牲者という、悲惨な実態があるのだ。一九九七年当時、介護保険法の審議に参加した私は、これで日本の福祉が前進すると信じていた。だが、介護保険制度が始まって二〇年近くが経つ現在においても、この有り様だ。福祉の前進どころか、憲法で保障されているはずの生存権が、福祉そのものによって脅かされているのではないだろうか。

出所後の私は、議員時代の反省に立ち、福祉の現場に携わり続けている。日々そこで目にするのは、追い詰められた人達の姿だ。「死にたい」と訴える高齢者や障害者。もちろん、要介護の身内を抱えた介護者も苦悶する。介護を担った途端、社会との関係が薄れ、そして、現代社会に根付く「自己責任」や「生産性」という尺度のもと、孤立したり排除されたりしていく。精神的に疲れ果て、現に、心中や自殺の一歩手前という人が大勢いるのだ。

自殺を図ったものの、幸い一命を取り留めた高齢女性が、こう語る。

「九年前まで、母親の介護を八年間やりました。私自身、去年脳梗塞で倒れて、だんだん体が不自由に……。それで、娘に同じような介護の苦労はさせたくないと思ったんです」

我が国における介護福祉の立ち遅れを痛感せざるをえない話だ。

すでに海外では、介護者支援に向けた法整備が大きく進んでいる国がある。それは、単なる福祉制度の改正ではないと思う。根底にあるのは「社会的包摂」の理念であり、いかなる人も社会から孤立させないという、その国のあり方を示す取り組みなのである。

やまもと・じょうじ 一九六二年生。作家・福祉活動家。元衆議院議員。著書『獄窓記』『刑務所しか居場所がない人たち』ほか。

IV

横森美奈子
遥　洋子
赤石千衣子
梨木香歩
内田　樹
川上康則
本田美和子
白石正明

老いのダイバーシティ

横森美奈子

今年(二〇一九年)七〇歳になった。

体に多少の不具合はあっても、いちおうまだ元気で前向きに仕事をしている。ファッションデザイナーというと優雅なイメージがあるかもしれないが、つくっているものが商品という性質上、必ず結果を求められるシビアな仕事だ。とはいえそこはキャリア五〇年の年季(?)と、体力気力の続く限りは続けたいと思っている。

仕事柄、そして自分の嗜みとしてもおしゃれには気をつかっている。ヘア・メークや体重・体調管理などメンテナンスも欠かさないせいか、歳より若く見られることが多い。

そして、母の七〇歳の頃の姿を思い出してみた。

それはすっかり老人だった。私と同じくらいだった身長も、背が丸くなり脚も曲がり、杖をついておぼつかなく歩く小柄な老女になっていた。六〇代後半から病気がちとなり、胃潰瘍で入院後、骨粗鬆症から脊椎圧迫骨折、そして徐々に認知症の傾向があらわれてきていた。

当時四〇歳すぎだった私は、仕事では自分自身のブランドを抱えながらも、さいわい都内で近場だった両親のもとへ、看病から〝通い介護〟となる生活がもう始まっていた。

そんなことを思うと、私と母との年齢差、二八年の間で、加齢現象やエイジングに対しての考え方や対処法については、激変としか言いようがない。

たとえば私が六〇歳を過ぎた頃のこと。自分の加齢現象・老化現象を徐々に感じることがいろいろ出てきて、小さなことだと風邪が一カ月も治らず気管支炎になり、もっと重い病気ではないだろうかと不安になったりした。しかしそんな時、症状や病名はすぐネットで検索でき、対処法については、医者からも患者からもさまざまなコメントが得られて選択の参考になり、病院の案内や広告までつぶさに見ることができる。かつて両親が病気になったり、認知症の症状が出た時に、満足な情報も得られず、困り果てて悩んだことなど嘘のようだ。

「母の症状はこういうことだったから、もっとああすればよかった、こういうこともできた……」「父が寝たきりになった時に胃ろうはしないほうがよかったのでは……」などと、とっくの昔に見送った二人(母は一九九六年、父は二〇〇二年に他界)に、いまだに切ない気持になる。科学・医学や情報やシステムは日進月歩の進化を遂げていて、仕方のないことなのだけれど。

その頃(一九九〇年代)は、日本ではまだ〝アンチエイジング〟という言葉もなく、人々は老いに対して従順であったのかもしれない。九一年の日本人の平均寿命は、女性約八二歳・男性約七六歳。そこからも右肩上がりで際限なく延びていくとは知る由もない（二〇一八年では女性約八七歳・男性約八一歳）。〝健康寿命〟という概念もまだなく、〝ぽっくり願望〟のようなものは出てきていたが。

そして、それまでは、

◎年老いたら↓老化は自然現象として当然いろいろ病気や体の不具合が出てきて↓徐々に体が衰えていき、家族から面倒をみてもらい↓入院して病院で亡くなる、ということだった。

それを変えようとしたのは、他ならぬ私たち団塊世代だ。「人類初めての老いを拒否する世代」は、アンチエイジングというムーブメントをつくった。

今では、

◎年老いたら↓なるべく若い時と変わらないよう運動やサプリメントで体調をキープするよう努力し↓なるべく亡くなる前まで仕事や趣味など含め普通の生活ができればベスト↓終末医療や無駄な延命は拒否、自分の死に方も自分の意思で選びたい。

前者が他力本願なことに比べ、あくまでも自力で自分の生活や人生を管理し、ちゃんと自分なりのピリオドを打つ、というのが現在の高齢者たるものの気構えではないだろうか。

私自身もまさにそう思っている。ひとり暮らしが無理になったら施設に入ることも想定内、家族と暮らすのではなく施設に入りたいのだ、できれば都内で。

そして、介護施設も進化してきている。私は介護ユニフォーム（被介護者用ではなく介護従事者のため）のデザイン（ナガイレーベン株式会社“CARE CREW”）をしていることから、定期的に施設を見る機会があり、母の時代とは格段に違ってきていることを実感する。

私たち団塊世代が施設に入ることも視野に入れなくてはいけない。先に挙げた前者のような従順な老人像ではなく、体は不自由になっても後者のスピリットを持ち合わせた老人群では、環境づくりから対処まで、かなり違ってくるのではないだろうか。

私はそのようなことも想定して、介護ユニフォームにさわやかなアロハ風の柄や、上品で洗練された大柄の花柄プリントなども提案したことがある。時期尚早か、却下となったけれど。

施設でのなごみの時間だって、童謡や民謡ではなく、ジャズやディスコミュージックやロックかもしれない。飲酒だって多少はあってもいいかもしれないし、時には夜の外出もしたい。

「老いを拒否する世代」が心地よく過ごせる環境を考えると、介護施設そのものやシステムまで変えなくてはならないかもしれない。

話題を呼んだ昼ドラ『やすらぎの郷』（倉本聰・脚本、テレビ朝日、二〇一七年）は、テレビ業界に貢献した人だけが入れるゴージャスな老人ホームで、設定が高級すぎるにしろ、喜劇の中に基本的な老いへのスタンスがリアルに感じられるところが多々あって、通常はドラマを見ない私も家にいるとつい見てしまったりした。

これから団塊世代が徐々に後期高齢者になっていく。人数が多いということは、それだけ多様性があるということだから、これからは老いのパターンにもダイバーシティという考えが不可欠になる。

老人施設はもっと必要になるが、ただつくればいいというものではないはずだ。老若男女、みんな少しでも心地よく過ごせる世の中を目指すことが、老いのあり方も変えていくのだと思う。

よこもり・みなこ　一九四九年生。ファッションデザイナー。著書『私の介護days』『老けてる場合じゃないでしょ？　間違いだらけの大人のおしゃれ』ほか。

人生をまたぐ介護

遥　洋子

三〇代と四〇代に父と母の介護期を経験した。

寝たきりからが介護、ではなく、ここからここまでが介護、と線引きできるものでもない。その人の人生そのものにどっぷり関わることが介護だった。深く関わらざるを得ないのだ。老いは突然やってこない。入れ歯、老眼、歩行困難から関わり、寝たきりになってからの本人の苦悩や苦痛に関わる。苦痛の訴えに「大丈夫」という励ましは両親にとって突き放しと等しく、要求に従ったら従ったで終わりのなさがストレスだった。

付き添えば肉体がしんどい。離れれば「逃げていいのか」と精神が痛い。要介護者が辛ければ介護者も辛い。では要介護者が幸せなら介護者も幸せになれるのか？　よきケアを受けられたと実感し、よき人生だったと要介護者が回顧でき、身体的苦痛を医療で取ってもらえて穏やかに旅立てたらどうだっただろうと、夢のようなことを考えていた。

今、ようやく友人たちが親の介護と看取りを経験する世代になった。そこで友人たちの明暗がはっきり分かれた。〝よき介護〟と〝よき人生〟を得た親を看取った友人の表情は清々しい。やりきった感と死の受容。「母の顔を見て」という時の自慢げな表情。「母は楽しい人生だったと言ったわ」という。幸せな介護が存在し得るのだと知った。

逆に、ある友人は母親の葬式で苦悩していた。第一線で働き、仕事の隙間を縫って駆けつける介護だった。「専業主婦という家族をケアすることだけに人生を費やし、子の活躍をご褒美として眺めるだけの人生だった母を、子からの「有難う」も聞けず一人で逝かせてしまった無念」を口にした。要介護者の人生を振り返る言葉を聞けず、この介護はこれでよかったのか否かの裁定もできず、慌しく仕事をしてたらうっかり死んだ、という「しくじった」感。

私は、母が人生を振り返る言葉を聞けた。それは「生きてても何もいいことがなかった。しょうむない人生やった」だ。子だくさんの母親の否定的人生観。無償ケアの利益を貪り享受してきた子の側として、「育児のみ」の人生が母に喜びをもたらさなかった事実は介護ごときでは埋め合わせにならず、「しょうむない」人生をひっくり返せなかった。介護者は要介護者の人生の自己評価抜きに、介護を位置付けにくい。よき人生ならよき介護になり、悪しき人生なら悪しき介護、わからない人生ならわからない介護、となるようだ。

母を担当していたヘルパーさんが言った言葉が忘れられない。テレビで政治家が少子化解決のための女性支援を訴えた時だった。おむつを替えながら「子供もええけど、その前に、この年寄りどうすんねん……」と。男性政治家たちは未来を語る。だが、どの時代も足元の現実とそこにある命を紡いできた女性たちが今、直面せざるを得ないのは天下国家より「この年寄り……」だ。

日常生活の今ここに、憲法も少子化もない。日常生活の今ここには〝寝たきり〟がいる。この乖離の中で、〝寝たきり〟はまず医療に捨てられ、政治に捨てられ、下手をしたら家族からも捨てられる。食事、排せつ、口腔ケアは、最低限の人権だ。それですらやっと終末期にしか提供できないお粗末ぶりだ。まして介護期の要介護者の生きる喜びや人生の肯定感となれば、それを願うこと自体贅沢に聞こえる。だが、ただ死を待つ人の面倒をみることが介護か。無機質に身体ケアを機械作業のようにすることが介護といえるか。

生きている人間を生きている人間がみるのだ。被介護者がどういう人生だったか、今幸せかが、看取り後の介護者の人生に大きく影響しないわけがない。介護を前に、要介護者の人生があり、介護の後に、介護者の人生が繋がる。よき介護とは、その前に〝よき人生〟が必須だ。よき人生が不完全な介護をも許す。介護は幾人もの人生をまたぐ。「ここからここまでが介護」と分離しては存在せず、介護はその後、生きていく者の支えにもなり、抜けない棘にもなる。

今後、介護保険のサービス抑制が避けられないという。今生きている人間が肯定的に介護経験を振り返れず、幸福な人生観を構築しきれないとする。その「しくじった」感を抱えたまま生きた人生に、今度は次世代が我々の介護を通して深入りする。事実私は自分自身「よき人生だ」と断言できない「しくじり」感を生きている。私の無念が私に関わる次世代の無念へと連鎖する。

今ここにある〝現実〟の連なりで築いた膨大な時間を〝人生〟と呼ぶ。今ここにいるお年寄りによい介護を提供できない国の人々が、将来幸せであろうはずがないのだ。

はるか・ようこ　タレント、作家。二〇年間の経済誌連載で働く女性を応援。著書『東大で上野千鶴子にケンカを学ぶ』『介護と恋愛』ほか。

介護とは、家族の葛藤の釜に再度投げ込まれることだった

赤石千衣子

ケアマネージャーをしている知人に聞いたことがある。介護をきっかけに家族の絆が深まったというような美談ばかり聞くけどほんとなの、と。

「そんなわけがない」と彼女は即答した。「介護でもめる家族のほうが多いよね」と。

母の介護をしているとき、その言葉にけっこう励まされた。まわりは家族の介護の美談であふれていた。それがひとつひとつ私を傷つけていたから。

暴力的な父と経済力のない母、でも父には社会的な地位もあり、よい家族を演じるように言われて育った。

私は大人になる前にさっさと家を出て、自分なりに生き延びてきた。その過程で私は子どもを

産み育て、また仲間も増やしてきていた。自分で選んだ仕事をしていた。何度か仕事を紹介するからと父と母に言われたが断った。

だが家族の重荷は子どもたちの人生それぞれに影響していた。

父の暴力が激しくなり何度も家出した母は、父親が認知症になると家に戻ってきていた。母が介護を担った。

メンタルな病をもった姉は母と一緒に暮らしていた。

数年後母の介護が始まったとき、母と同居していた姉、遠くにいるもうひとりの姉がいて、仕事をしている私は距離を置きながらたまには姉と母のところに通っていた。母の具合が悪くなるとそれは頻繁になっていった。

毎週毎週、姉と交代して母の介護のために母と姉のいる家へ通う日々は、思ったよりもたいへんだった。介護が、ではない。母と姉がいる家で、何か状況を変化させることは、必ず姉のテリトリーを侵害することにつながるので姉からあとで激しく抗議されたからだ。

娘として母に尽くしたいとは思わなかったが、人間として、もう少し居心地よくしてあげたいと思っても、結果的にはそれは思わぬ抗議を生むのでためらった。

「なんで苦しんできた私が介護を担わなきゃいけないの？」

たしかに家に残った姉が介護を中心に担わざるを得ないのは理不尽だと私も思った。でもからみあった生活がある中で介護が始まってしまっていた。

薬の過剰な摂取から昏睡状態になり命が危ないと入院したとき、もう家に戻れないが行先がなかったとき、やっと入所できた施設になかなか適応しないで「網走」と習字のときに書いていたとき、そしてずっといられる有料老人ホームを何カ所も探し歩き決定するまでのきょうだいのやりとり……。

話し合いの日時を決めるだけでもリーダーシップを取れば「勝手に決めた」と姉から言われ、決まらなければ母の行先はないままだ。「大変僭越ですがこのように話し合いの場をもってもよろしいでしょうか」と丁寧すぎるくらい丁寧に聞かざるをえなかった。

やっと施設が決まってからの一年半くらい、母の小康状態が続き、もうひとりの姉が頻繁に通ってくれたのはありがたかった。

その後は肺炎での入院の繰り返しだった。食べられなければ医療的措置が必要だ。中心静脈栄養も、胃ろうも、ひとつひとつ家族が決断しなければならなかった。中心静脈栄養はあっという間にされてしまい、胃ろうはお断りした。そのたびにきょうだいは集まった。病院は遠かった。

終末が近づいてきたときに、命が危ない場合はもう病院に搬送しないという取り決めにサインしてくれと施設側から言われ、致し方ないと思った私ともうひとりの姉の言葉に、「いつも私はきょうだいからもないがしろにされている」と施設の職員の前で激怒する姉を前になすすべもなく怒りがおさまるのを待っていたこと(もしかしたら施設の職員には慣れた風景だったのかもしれず)、もう最期のときにも席順をめぐって怒りだした姉……。

「介護」とは、もう一度家族の葛藤の釜の中に投げ込まれることだった。

あれから一〇年近くたち、死後の整理も終わったいま、ほぼ平穏な日々が戻っている。もし今同じように苦しんでいる人がいるならば、少しはこの文章が役に立つといいのだが。

あかいし・ちえこ　一九五五年生。NPO法人しんぐるまざあず・ふぉーらむ理事長。著書『ひとり親家庭』『シングルマザー365日サポートブック』(共著)。

家庭が家庭であることを維持するために

梨木香歩

周囲の友人知人に、親に介護が必要になった、あるいは自分自身が必要とするようになった人びとが、近年軒並みに増えてきた。そういう年まわりになってきたのだろう。

とりわけ昔から仲の良かった友人の母親の認知症が進んだときは、私もよくお世話になっていた方だったので、いっしょになって途方にくれた。友人の生活のほとんどすべては母親の妄想とそれに伴う問題行動への対処に占められ、夜寝られないどころか、仮寝すらままならない状況だった。当人はデイサービスにもなかなか行かない。行ってもすぐに帰ってくるので、それが友人の助けになったかという点では、焼け石に水。むしろデイサービスに持って行くタオルや着替えの入ったバッグを、すぐに母親が隠してしまう(何もかも隠してしまうので、家事が全くできない)ので、また新しく揃え直したりする気苦労が大変だった。地域の支援センターへ行き、窮状を訴えると、「家庭での介護には限界があります。とりあえず、うちで二泊のショートステイから始められたらいかがでしょう」と優しく言われ、本当にそんなにうまくいくかと思いつつ、なんとか送り出すと、ものの二時間も経たないうちにショートステイ先から電話がかかってきたという。最初の声音とは打って変わって厳しい声で、「とにかく帰るのだと、私どもにまるで誘拐犯であるかのように罵詈雑言を浴びせて、あんなに激しい人は見たことがありません。自力で脱走しようと、あの手この手で外に出ようとし、玄関の自動ドアが――中からは開かないようにしているので――外からの来客で開くのをじっと待っていて、素早く脱走しようとするんです。うちの職員も、一日中ついているわけにはいかないので」。とにかく、連れにきてください、と言われた、という。「それも、さあ、これから、入所説明書に書かれた着替えや洗面道具を持って行こうとしていた矢先、よ。二泊どころか二時間も持たなかったのよ」。友人の疲れ果てた声でいう軽口が忘れられない。要介護1、2の段階の認知症患者の受け入れが、一番困難を極めるのだという。むしろ、要介護度が上がり、寝たきりの方が、手間がかからないので、入所がスムーズにいくのだそうだ。

しかし、専門施設でも介護が困難だと断られた認知症患者を、家庭でどうやってみろというのか。友人の母親は、足が一時的に立たなくなり、救急車で病院に運ばれた折、大声を出すというので、鎮静剤を通常の倍量注射され、数日こんこんと眠り続けた。友人がどうしても外せない仕事のため、数日だけ兄弟に見ていてもらった期間のことである。「弟は、病院に入れるしかないよ、っていうんだけど、病院に入れるって、こういうことなのよ」。友人が大慌てで退院させ、歩行器を使って歩く訓練をすると、歩けるようにはなったものの、それはそれでまた地獄の日々なのだった。家中を引っ掻き回し、大切と思うものを厳重にビニールでグルグル巻きにし、押入れの布団の間に入れ込む。役所に提出する書類はもちろん、普段使いの急須や茶碗に至るまで、庭を掘り返して埋める。日常生活ができない。あるときゴミを捨てようと、ふっとティッシュの箱を見たら、茶封筒が入っている。事務的なもので、捨ててあっても何もおかしくなかったのだが、友人はそのとき何気なくその中を出した。数十万円が入っていた。「いっときも気が抜けないのよ」。

グループホームも有料養護老人ホームも断られ続け、ようやく最後に小さなグループホームが受け入れてくれた。もちろん、ちょっと目を離せばすぐに出て行こうとする。それをなだめなだめ、なんとか施設内にとどまらせようとするが、目つきが鬼気迫るものになっていく。アットホームな個室がうたい文句だったそのグループホームの彼女の部屋は、しかし何にもなかったそうだ。「家具も、ベッドも、なーんにもないのよ。監房だって、何かあるでしょう。でも、座布団や布団があれば解いて綿を取り出し、タンスがあれば、夜中の男性職員の巡回を恐ろしがって、ものすごい力でベッドやタンスで入り口を塞いでしまうんですって。夜、面会に行ったら、なーんにもない部屋の、リノリウムの床に、まるで蝉の死骸が転がるように、パジャマすら着せられないで寝ていた。さすがにあれを見たときは、胸がつぶれそうになった。オムツは、何日替えられていないのか、もうボロボロで、ポリマーがポロポロ出ていた。悪い人たちじゃないのよ、人手が足りないのもわかるの。母はプライドだけは高かったから、簡単にはオムツをさせないっていうのもわかる。けどねえ……」。

そんな状況でも、病院に入れるよりはましだという。家庭で面倒を見続ければ、一家心中もおかしくはなかった。そのグループホームは、入り口に、電光掲示板で、求人募集を常に呼び掛けているのだそうだ。「見るからに素人のおじさんたちがやってくるのよ。介護職が、きつい仕事で、他に職が見つけられない人たちの受け皿になっている一面も確かにあると思う。あのグループホームが、スペシャリストを集めた場所でないことも明白だけれど、そういうゆるさのあるところでないと、母は、受け入れてもらえなかったと思う」。

家族であるからこそ介護は難しいという言葉もよく耳にする。それは、家族それぞれの間にあるものが「通り一遍のものでない」愛憎の絡んだ人間関係であるからだ。それがプラスの部分に働いて、「通り一遍のものでない」親身な思いにつながるときに、家庭というものが成り立つ。しかしそれを成り立たせ続けるためには、どこかで第三者に委ねねばならない時が必ず来る。

社会全体で介護を担うことを目的として創設されたという、公的介護保険制度は、介護で家庭崩壊を起こさないためのものだったときく。十全に機能していたとはいえないが、ないよりはまし、だっただろう。だが二〇二一年にはそれも大幅に改定され、サービスの抑制は必至だという。さらにどれほどの家庭が家庭であることを維持できずに追い詰められていくか、想像すらできない。

なしき・かほ　一九五九年生。作家。『西の魔女が死んだ　梨木香歩作品集』『海うそ』ほか。
©木寺紀雄

介護され上手

内田 樹

私自身は家族の介護をしたことがない。父は倒れてすぐに入院して、そのまま亡くなった。母が介護を必要とするようになったのは、譫妄状態になってからのことで、その任も母のすぐ近くに住んでいた兄たち一家が引き受けてくれた。兄は癌が進行して、入院してほどなく息を引き取った。身内の誰についても、私は介護をしたことがない。だから、私に介護について語る資格があるとは思えない。私に語る資格があるとすれば、「これから介護を受ける側の人間」として、どのような心の準備をしているかということくらいである。

私は凱風館という道場と私塾を主宰している。門人は合気道が二〇〇人ほど、私塾のゼミ生が三〇人ほどいる。私たち夫婦が仲人をした門人たちが何組か道場近くに住んでいる。彼らは私からすれば自分の「子ども」のようなものである。現に、東京に住む実の娘とよりも、この「子どもたち」と一緒に過ごす時間の方がはるかに長い。

この「拡大・疑似家族」のメンバーたちが、おそらくいずれ私が足腰立たなくなったときに、「内田先生を介護する」というミッションの主たる負担者となるような気がする。凱風館まわりでは子どもが生まれると、「共同育児」を実践しているから、同じロジックで、要介護老人が出てきたら「共同介護」を実践するはずである。たぶんそうしてくれると思う。「気がする」だけで、「そんなこと当てにされたら困ります」と告げられるリスクもゼロではないけれど、私は楽観している。

とりあえず、そうなった場合に備えて、できるだけ彼らの介護負担を軽減するために、いまのうちにできることをしておきたいと思っている。

老後の備えというと、みんなすぐに「貯蓄」のことを言う。お金も大事だけれど、すべてのサービスがアウトソーシングできるわけではない。だったら、お金を貯めておくことよりも、「介護され上手」な老人になるべく自己陶冶することの方が優先するのではないか。

この資質については、私は少なからぬ自信を持っている。それは以前に釈徹宗先生(宗教学者で、浄土真宗如来寺のご住職で、認知症老人たちのグループホームの主宰者でもある)から「ウチダ先生は〝お世話され上手〟ですから、認知症になっても手がかかりませんよ」と笑顔で太鼓判を捺して頂いたことがあるからである。

これは私の個人的資質ということよりも、長く合気道という武道を稽古してきたことの果実であるような気がする。合気道に限らず、武道というのは「与えられた状況に最適化すること」をめざす。「最適化」というといかにも抽象的だが、要するに、自由度が最も高くなり、次の行動の選択肢の数が最大化し、のびのび息がつけて、手足に緊張がなくて、「何が起きても大丈夫」という心持ちがするような状態のことである。そのためには「自分らしさ」とか「自分なりのこだわり」とか「自分としてはこれだけは譲れぬ男の意地」とかいうものはあってはならない。そんなものがあると、自由度が下がるばかりで、気は上がるし、肩ひじはこわばるし、ろくなことにならない。

「合気道家は入れ歯がすぐに合うようでなければならない」と私の師匠の多田宏先生(合気会師範・合気道九段)に教えて頂いたことがある。自分の口蓋の形状にぴたりと合う入れ歯を探している限り、いつまでも「合わない」と文句を言い続けるしかない。それよりは口腔の筋肉の使い方を入れ歯に合わせて変える方が話が早い。それが「状況への最適化」ということである。自分の心身が老い病み衰えた場合には、それに合わせて心身運用のOSのヴァージョンを書き換える。ハードとOSが過不足なく合っていれば、それなりに快適な生き方ができるはずである(理論上は)。

ともかく私はそういうふうにして「与えられた条件内で果たせる最高のパフォーマンス」を求めて四〇年以上修業をしてきた。その点については、どんな場面でもあくまで「つねに変わらぬ自分らしさ」を押し通そうとする人たちよりも、だいぶ老境へのなじみがよさそうである。

組織人としての経験も同じことを教えてくれた。大学退職前は管理職だったが、私は部下たちに気前よく権限委譲して、「なんでもやりたいようにやりたまえ、問題が起きたら私が責任を取るから」と言って、監視も統制も査定も何もしなかった。そのおかげで、責任を取らなければならないような事態にはついに一度も遭遇することがなかった。上に立つものは「担がれ上手」がよいというのは私の職業上の経験則である。

与えられた場への最適化と「担がれ上手」のための自己訓練は積んできたので、「介護され上手」にもたぶんなれそうな気がする。気がするだけだが。

うちだ・たつる　一九五〇年生。思想家。著書『困難な成熟』『私家版・ユダヤ文化論』ほか。

内田樹

教育と介護をめぐる「やり方」と「あり方」

川上康則

特別支援学校は教育の場ではあるものの、介護の世界ときわめて近接する分野だと言えます。「日常生活の指導」という時間が設定され、着替え・身支度・排泄・食事等についての指導が毎日行われます。また、肢体不自由がある子どもについては、教員や介助員が日常生活動作（ADL）の大部分をサポートし、本人に協力動作を行うよう指導する場合もあります。したがって、特別支援学校の中で経験することの多くは、介護の現場でも起こり得るように思います。

たとえば、学校現場では、「関わるのが難しい」と言われる子どもや保護者がいます。その子のペースを考えずに何かをさせようとするとかんしゃくを起こしたり、集団活動に無理に入れようとすると強い抵抗を示したりします。保護者の中にも、大人同士のトラブルが起きやすかったり、相手の不用意な言葉づかいに強い不快感を示したりする人がいます。関わりの糸口を見出すのが難しいケースは、結果的に、特定の教師が繰り返し担任になるということが少なくありません。校内でも「もうあの先生に任せるしか他にない」というモードで受けとめられ、周囲も一歩引いてしまうということが起きます。

このようなことは、介護の現場でも同じなのではないでしょうか。「あの人に任せておけば安心」というスタンスが、いつの間にか「あの人じゃなきゃダメ」になってしまう……。教育も介護も、「人(関わり手)」の問題に行き着くところは同じです。

学校現場ではとかく「どうすればあの子(あの人)を変えられるか」という方法論が議論の中心になりがちです。たしかに、アプローチの引き出しが増えると、教師側の気持ちにゆとりができます。しかし、「手っ取り早く相手を変えたい」とか、「すぐにうまくいくやり方を知りたい」と願う教師ほど、安易な小手先のワザに飛びついてしまい、指導・支援は空回りするものです。

人への対応の本質は「どうするか」という「関わり方」の問題ではなく、関わる側の「あり方」の問題です。「対人援助職」という共通項をもった介護の世界でも、きっと事情は同じでしょう。支援方法を知ることよりもまず、自分自身のあり方を見直すことが大切なのではないでしょうか。

「あり方」が大切だと述べましたが、この「あり方」というのは言語化しにくく、数値化も難しいところがあります。そこで「風《かぜ》」という表現を用います。イソップ童話にも「北風と太陽」という話がありますから、何となくイメージしやすいと思います。

関わりの糸口を探るのが難しいといわれる人たちの多くは、相手の「風」に敏感なところがあります。支援者の表情・佇まい・立ち居振る舞い、あるいは語りの際の声質・声の大きさ・発する言葉のチョイスなどの非言語情報などから「風」を感じ取り、それが不穏な風や尖った風だと感じると、急に心を閉ざしてしまうところがあります。その一方で、穏やかさや寛容さで包める支援者のもとでは「心地よい風」が流れるので、心を開いてくれることが多くなります。

したがって、事業所内でのヘルパー研修やケース会議などでは、「いかに不用意な風を起こさない支援者でいられるか」という関わり手としてのあり方が取り上げられなければなりません。たとえば、以下のようなことが挙げられます。

- 無理に何かをさせようとせず、相手のペースや言い分をうけとめる
- 話し過ぎにならないよう、普段から語数を抑える
- 声のトーンを抑えめ・控えめにする
- 不適切と思われる行動であっても、いちいち動揺しない
- 水がこぼれる、皿が割れる、嘔吐するなどのアクシデントを大げさに取り扱わない

・周囲の人の目を気にせずにゆったりとした気持ちで構える
・すぐになんとかしようとするのではなく、繰り返し丁寧に関わる
・相手の「言葉にできない思い」に寄り添うことを習慣化する　など

自分自身が不用意に吹かせてしまっている「風」を自覚すること、これは介護士に限らず、ご家族を介護される支援者の方についても当てはまります。

教育も介護も「感情労働」という側面が色濃い業界です。感情労働は、肉体労働や頭脳労働に続く第三の形態で、人と直接的に接することを生業《なりわい》としています。人がいなければ始まりません。支援の対象者はもちろんのこと、家族や関係機関との協力・連携、同僚との協働的な関係の構築、新人へのＯＪＴなどなど……、人との関わりが常につきまとう仕事です。したがって、教育にしても介護にしても、現場で働く人間には「感情の抑制や忍耐、緊張感」がつきものだと理解する必要があります。「自らの感情を制するものは、現場を制す」と言っても過言ではありません。

とはいうものの、現場の第一線で働く人たちのメンタル面を支えるケアは、全くと言ってよいほど進んでいないのが現状です。たとえば、介護の現場では、男性職員が結婚したら食べていけないということで結婚退職をすることが少なくないと聞きます。生活の保障が心もとないのであ

れば、感情をコントロールすることにも危うさが出るのは当然です。学校も、昨今ようやく「ブラックな働かせぶり」がメディアを賑わせるようになりましたが、「働き方改革」という名の新しい仕事を現場にさらに押し付ける結果に陥っているだけで、仕事の質も量も何一つ良い方向には変化していません。

教育においても介護においても、制度を考える層の人たちが、現場の発するＳＯＳの背景に、どれだけ想像力をもって対応するかが喫緊の課題だと言えるのではないでしょうか。

かわかみ・やすのり　一九七四年生。東京都立矢口特別支援学校主任教諭。公認心理師、臨床発達心理士、特別支援教育士スーパーバイザー。著書『〈発達のつまずき〉から読み解く支援アプローチ』『発達の気になる子の学校・家庭で楽しくできる感覚統合あそび』ほか。

自律の手段としての依存

本田美和子

「ケアをする人とは何だと思いますか？」と尋ねられた時、私はとっさに答えることができませんでした。尋ねられた場所はフランス南部の街で、問うた方はイヴ・ジネスト先生。私はジネスト先生が教えているケア技法の見学に訪れていました。

臨床医として認知症をお持ちの方に接することが増え、私たちが届けたい医療を受け取ってもらえない困難な状況が生じてきました。この問題を解決する方法がないかと考えていた時、フランスに三〇年以上実践されているケアの技法があることを知り、見に行くことにしたのです。

私が学びたいと思っていたのは、ケアの技術でした。三〇年余にわたる病院・施設のケアの現場での経験から生まれた技術は本当にたくさんあり、しかも理論に基づいた具体的なもので、初めて学んだ私でもフランスの患者さんに対して実践することができました。日本でもこれならきっとうまくいく、という手応えを持っていたある日、ジネスト先生から冒頭の質問を受けました。

逡巡しながら「相手のためにできるかぎりのことをする人でしょうか？」と答えた私に、ジネスト先生は「この質問は一〇〇人に尋ねると一〇〇通りの答えが返ってくる、とても幅広い問いなのです。そのことにある時気がついて、これではいけないのではないかと思い、誰もが概念を共有できるケアの定義が必要だと考えました」とおっしゃり、そして、そのために彼らが考案したケアの技法・ユマニチュードにおいて、ケアをする人とは「健康に問題のある人に対して、その健康の①回復をめざす、②現在の機能を保つ、③最期まで寄り添う、専門職である」と定義したのだと話してくださいました。

とても当たり前のことのように思えるこの定義を、実際に自分が職務として行っていることに照らし合わせると、これまで気がつかなかったたくさんの矛盾が生じる現実に私は直面しました。「何でもして差し上げる」ことは、その人が本当はできることを代わりに行ってしまうことになり、それは結果としてその人のもつ力を奪ってしまうことになる、という事実を自覚しないまま、私は臨床医として過ごしていたのだと痛感しました。たとえば、歩ける方を検査まで車椅子でお連れしたり、診察時に自分で着替えができる方のボタンを私が外してしまったりすることは「親切な医師」ではなく「能力を奪っている医師」であることに私は無自覚だったと気づいたのです。これは医師だけでなく、看護師、介護士、家族であっても同じです。

たとえその方が間近に死を迎える末期のがんや進行した認知症であったとしても、その方ができることは確実にあり、それを共に探し、共に時間を過ごすのが「ケアをする人」なのだと仕事を通じて確信するようになりました。

たとえば、末期のがんによる痛みをお持ちの方に、痛みを感じさせない技術を使って清拭《せいしき》を行うことは③の「寄り添う」ケアですが、毎回顔は自分で拭いてもらうようにすれば、これは②の「現在の機能を保つ」ケアとなります。さらに「今日は洗面所で顔を洗いましょう」と、歩いて洗面所に向かい、自分で洗顔をするよう促せば、これは①の「回復をめざす(機能を今より改善させる)」ケアになります。つまり、同じ人に提供するケアであっても、その内容に応じて私たちはゴールを細かく設定することができます。「ケアをする人とは何か」という哲学に基づいたケアの選択と相手への提案がケアの本質となるのです。

認知症やさまざまな疾患によって脆弱な状態になっている方々が増えている現在、「ケアをする人」の役割がますます重要となってきます。そして、そこには「ケアをする人」が陥りやすい罠も潜んでいます。ここでも私がジネスト先生から問われた別の質問を元に考えてみたいと思います。「人間にとって最も大切なことは何だと思いますか?」

この問いに対する答えもまた、幾多もあると思いますが、私は「自分で決めること=自律(autonomy)」であろうと考えます。たとえ認知症であっても、身体的・精神的に脆弱な状態であっても、人間にとって最も大切なことは「自律」だと考えれば、ケアをする人は相手の自律を実現させる必要があります。「何をしたい」「どういう状況でありたい」という意思も「自律」の表象です。たとえ自分でできなくとも、その意思が他者によって実現されればその人の自律は護られます。つまりケアをする人にとって、ケアを受ける人の「自律」を尊重することが、その根源的な役割となるわけです。ケアをする人が「相手の自律性」を尊重したケアを実現できれば、ケアを受ける人は自律性を保ったままケアをする人に依存することが可能となります。

つまり依存とは忌避すべきものではなく、ケアを受ける人の「自律」の手段となります。自律の手段としてケアをする人に依存し、ケアを受ける人が自律を全うした生涯を終えることができる社会の実現を私は願っています。

ほんだ・みわこ　医師。国立病院機構東京医療センター総合内科医長、日本ユマニチュード学会代表理事。著書『ユマニチュード入門』『家族のためのユマニチュード――〝その人らしさ〟を取り戻す、優しい認知症ケア』（いずれもイヴ・ジネストほかと共著）ほか。

魔法と技術のあいだ

白石正明

ユマニチュードという介護技法がある。赤いサロペットを着た人のよさそうなフランスのおじさんが、満面の笑みで「ボンジュ〜ル」などと言いながらお年寄りに近づいていくと、あーら不思議、それまで大声を出して怒鳴りまくっていたお年寄りが急に笑顔になって、別れ際にはキスまでしてしまう、あれである。

ＮＨＫでよく放映されるのでご覧になった方も多いと思う。あれは赤いサロペットのおじさん（ユマニチュード開発者のイヴ・ジネストさん）の独特なパーソナリティのなせる業であり、「普通の人には無理じゃね？」と思う方も多いと思う。

五年前にジネストさんらと『ユマニチュード入門』という本をつくり、帯に「魔法？　奇跡？　いえ技術です。」とデカデカとコピーを付けた手前、「特別な人じゃなくても、誰でもできるんだよ」と言いたくなる。しかし本稿では、あえて「半分当たっているかも」という話を書いてみようと思う。

ユマニチュードについて知ったのは、その本をつくる一年ほど前である。フランスで新しい介護方法ができた、とか、じっと目を見てやさしく触ると魔法みたいにケアできるんだ、みたいな話だった。それまで私はＤＶＤも含めていろいろな介護方法を教える商品を作ってきたので、何を今更というのが正直な気持ちだった。

数日後、あまり気乗りしないまま研修会に参加してみた。すると、どうもこれまで参加したものと雰囲気が違う。圧倒的に参加者がウキウキと楽しそうなのである。しばらく経って「ああ、そうか！」合点がいった。

行為の効果というものは一般的に、「誰が」「どのように」行うかによって決まる。それが技術にかかわることであれば、前者の「誰が」は後ろに引いて、後者の「どのように」だけが焦点化されるだろう。こんなことはわざわざ言わなくても、世にあふれるマニュアルを見ればわかる。「この技術は正直な人でないと扱えません」なんてことは絶対にないのである。属人性というノイズを排除したところにこそ、技術の技術たるゆえんがあるわけだ。

しかし、濃厚な身体接触を伴う介護をされる側にとってはどうだろうか。しかも、身の回りの状況がうまく飲み込めない認知症のお年寄りである。なによりもまず「誰が」が重要になるのではないか。「あの人なら何をされてもいいが、この人には何をされてもイヤ」と。ここに、ケアがぐっと人格化してくる契機がある。

この人格化が介護職を苦しめることになる。トレーニングで改善可能な技術ではなく、持って生まれた人柄的なものがぐっと前景に出てくる。さらに「認知症高齢者にウソは通じない」という、自分とは違う者に対するある種のオリエンタリズムも手伝ってか、介護研修会は「認知症をネガティブに感じるあなたがいけない！」とばかりに、一気に人格改造セミナー化していく場合さえあるのだ。

「技術」を教えるユマニチュードにはそんなことはない。しかし実際に研修会に参加してみて気づいたのは、教えるのはあくまでも技術なのだが、それがそのまま「その人のことが好きになる」ように構造化されているということだ。「最初は感度の鈍い背中から触り、顔は最後に触れるように」とか。「飛行機が着陸するようにすーっと触ってください」とか。「手順が大事、いきなりはダメ」とか。まるでフランス式恋愛術のようではないか。一言でいえば、快感をベースにした「身体接触技法」なのである。

快。それは医療の文脈からすればノイズに過ぎない。気持ちよくたって治らなければ意味がないのだから。だからそんな快の技法は、せいぜい患者を治療ルートに乗せるための手練手管、つまり手段として必要とされてきたにすぎない。

しかし認知症介護では、快は手段ではなく目的になる。暴れるのはその行為が不快だからだ。暴言を吐くのはその人が嫌いだからだ。だから介護者は、「快を与える人」としてその人の前に現れなければならない。

ユマニチュードは、そのための技術を提供していると思った。研修会では人への近づき方、体への触り方、声の出し方など、どうしたら自らの身体そのものを使って相手に快を与えることができるかが伝授される。実は身体接触を含めた快を与える技術は、属人性を嫌うマニュアル文化から長らく無視されてきたものだ。さらに性的なニュアンスを含んでしまうため、特に日本では看護教育を含めた学校教育から避けられていた。だからある種のエアポケットだったのかもしれない。

「誰が(=人格化/属人化)」と「どのように(=技術化/標準化)」という二つに分割されていたケアの世界に、ユマニチュードはその分割線自体を無効にする「「誰が」を含みこんだ身体技術」という新しい文脈で乗り込んできたように思う。そこでは技術がその人の魅力に転化してしまい、「誰が」と「どのように」が溶け合ってしまうのだ。

ここで冒頭の問いに戻る。魔法でなく技術である、というのはそのとおりである。なんら秘技ではなく伝達可能な身体所作だからだ。持って生まれた才能や人柄にも依存しない。ただ、いま帯のコピーをより正確に書き直すとしたらこうなるのではないか。「魔法を宿らせる身体をつくりあげる技術である」と。

実際の体どうしが触れ合う介護の世界では、机上の世界で当然の前提となっていたことが、あっさりと乗り越えられてしまうことがある。そこがおもしろい。

しらいし・まさあき　一九五八年生。編集者。医学書院で看護実務書のほか、「シリーズ　ケアをひらく」（第七三回毎日出版文化賞）を手がけている。

V

モブ・ノリオ
近藤ようこ
北原佐和子
関口祐加
坂川裕野
天田城介
杉田俊介
永田和宏

『介護入門』と私

モブ・ノリオ

文學界新人賞を受賞した頃から、私は《介護》について発言して金をもらうことを自らに禁じてきた。それは、玄関先で転び頭蓋骨を割って意識不明の重体となった私の祖母を、家で介護できる状態にまで回復させた時期の記憶を自分なりに物語化して書くしかなかった極めて個人的な小説が、受賞によって俄に通俗的権威化を被り、その数カ月前まで無名の無職者だった私自身までもが「《介護》について一家言ある作家」として奉られつつ、小説の核心から離れた場所で他者の思惑に利用されかねない異様な流れに呑み込まれたくなかったからだ。芥川賞の受賞後には、首都圏の介護施設で一回講演して報酬が八〇万円という依頼もあった。本の売上げにも直結するこの手の《介護》特需的な仕事を、私が望んだ通りすべて断ってくれた当時の担当編集者・文藝春秋の川田未穂氏には、今も感謝している。（但し、新人賞の直後に、介護雑誌で毒蝮三太夫氏にインタビューしてもらえる話を自ら辞退したことだけは、この一五年間ずっと後悔してきた。「アラシ隊員に会《お》うたことあるぞ」と、ウルトラマンの《三面怪人ダダ》の回で白目を剝いて倒れる毒蝮氏の名演を見ながら、今なら我が子に自慢ができたものを！）

それなのになぜ本稿を書いているのかというと、《介護》について、書きたいことも書けることもあるのに、このまま一生それらを書かないで死んでゆくのも馬鹿らしいと最近考え始めていたからだった。たとえば、数年前に奈良県内の求人広告で、訪問介護ヘルパー職の時給が信じがたい低賃金で掲載されているのを目にして、「訪問介護で時給二〇〇〇円以下なんて、おかしい。新聞に投書すべきか？」などと思案したことがあった。祖母を介護していた約二〇年前には、訪問介護士の時給が二五〇〇円とか二千数百円台の求人広告をよく目にしたたし、本来は家族や身内がやるしかない労役を平日の日中にヘルパーさんらにやってもらっていた身からすれば、時給三〇〇〇円ぐらいがちょうど良いはずだ、と当時も今も私はそう考えている。

ところが、この件について、これまで私はどこにも書いてこなかった。前述の如く、昔につくったルールのせいで、《介護》について書くことへの気後れが今もあり、「まあ、自分が書かなくてもいいか」と、結局、今まで下書きすらしてこなかったのだ――いや、こんな説明すら、最早どうでもいい。今の私が《介護》について書いたところで、後ろめたくなるほどの大金が私の手元に転がり込んでくるわけでもなく、かつて新人賞の選考委員に冷やかされたように私を「モラリスト」呼ばわりする者もいるとは思えない。でも、今、こうして書きながらでも唖然とするが、滑稽なことに、これほどまで長い期間にわたって後ろめたさを引きずるぐらいに、私自身の《介護》をした実体験を身近な友人たち（特に文学系の昔の仲間）に聴いてもらえる機会がなかったからこそ書くしかなかった小説が、今度はそれが公の場で《文学》的に評価されてからは、何かそのこと自体が《罪悪の一種》でもあるかのようにさえ感じさせられてきた、その現象とメカニズムは、一体何だったのだろうか？ と、モヤモヤしながらも、「《文学》を捨てたところからお前が書き始めた小説が、《文学》的に評価されたことによって、妙な後ろめたさを味わわされていると感じるんだったら、お前にとって、そういう《文学》なんか、どうでもいいだろ？ お前には《介護》だけあれば充分じゃねえの？」と、私の内なる声に従い、今、これを書き殴っている。実際、個人的な営みとして小説を書く行為と向き合わねばならなくなった際に、経験値ゼロの状態から《介護》をやり始めた頃の、即興で眼前の現実と対峙しながらことをすすめるしかなかった感覚は、確かに役に立った。

もし、私が二〇歳前後の頃に、島田雅彦と養老孟司の対談本『中枢は末梢の奴隷』を読んでいなかったなら、そしてその標題を一〇年後にも記憶していなかったならば、私は、集中治療室で昏睡している祖母の手をつねってみて祖母が顔を顰《しか》めるのを認め、「おばあちゃん、反応してるやん！ 神経生きてるやん！」と驚喜し、そこから数カ月後の在宅《介護》へと繋がる道を自分なりに踏み出すこともなかっただろう。（詳しくはアマゾンで一円で売られている私の小説を読んでください。医者には読み取れない家族の容体の変化や兆候をわずかであろうと自分が確かにつかみ取れていて、「この最悪の状況から脱することができるのでは？」と少しでも思えるのであれば、あきらめを促す医者の言葉によって家族を回復させたい欲求まで止められる必要なんかないのだ。「現に、俺のバアチャンは良くなったんだから！」というのが『介護入門』の核心です。）

《介護》については、まだまだ、全然書き足りない。祖母のオムツを毎晩替えていたようにして、これからは、もっともっと書いてゆきたい。なんぼでも書けますし、なんぼでもしゃべれます。

もぶ・のりお　一九七〇年生。スカムロックバンド、ウルトラファッカーズの元メンバー、小説家。『介護入門』『JOHNNY TOO BAD 内田裕也』、自主制作音楽作品「中之島に原発を（なぜつくらない）」。

『アカシアの道』をめぐって

近藤ようこ

一九九五年に『アカシアの道』という漫画を『週刊漫画アクション』で連載した。離れて暮らす母親が認知症になり、独身の娘が実家に帰って働きながら介護をする話である。

認知症を扱った漫画がそれまでにあったかどうか私にはわからないが、ともかく漫画ではまだ珍しい題材だったはずだ。

二〇〇一年には松岡錠司さんの脚本・監督によって映画化された。ほぼ原作通りの構成で、渡辺美佐子さんと夏川結衣さんに母子を演じていただき、いい映画になった。それより前のこと、アン・ホイ監督『女人、四十。』という香港映画が一九九六年に日本公開されている。認知症の舅と嫁の話だそうで、アカシアらしき白い花が散る宣伝映像を見て、正直、似ていると言われたらいやだなと思ったが、杞憂だった。そもそも話は全く違うし、映画の公開より私の連載開始のほうが早かった。

『アカシアの道』を描くまで認知症について特別な関心や知識を持っていたわけではない。実は編集者から、「自分は漫画の題材についてジャーナリスティックな提案しかできない。最近レーガン元大統領がアルツハイマー型認知症と公表されたのが話題になった。その認知症をテーマに漫画を描かないか」と言われたのだ。

難しいと思った。まず、間違ったことを描いてはならないので勉強をしなければいけない。そしてどういう切り口で見せるか。認知症はすでに社会問題にはなっていたものの、ドキュメンタリー的なものは私の資質に合わないし、そういうものは他にできる人がいるはず。悩んで、自分の土俵に引き入れる形ならできるかもしれないと考えた。

私はこれに先立って、一九八八年から一九九〇年にかけて、子供の虐待の連鎖をテーマにした『ホライズンブルー』を『ガロ』に連載していた。母親に愛されなかった娘が自分の子供を虐待するという話だった。それを進めて、母親が老いた時に、愛されなかった娘はどうするだろうか、ここに母親の認知症を絡めて考えてみようと思った。

私は『ホライズンブルー』の時も『アカシアの道』の時も、またそれ以外の仕事の時でも、実際の現場や特定の人物の取材はしていない。書物などで調べた後は、頭の中で情報や知識を編成してテーマに沿ったフィクションを作っている。当時たまたま祖母や叔母が認知症になっていて、家族が苦労していたのは知っていたので、それを漫画の細かなエピソードの参考にはしたが、たとえば特別養護老人ホームなどの施設を取材してはいない。そういう手法がいいか悪いかはわからないが、私にはそれしかできない。

　しかし読む方は具体的なモデルがあると思うらしく、テレビやラジオの関係者からモデルを教えろ、取材先を知りたいと問い合わせの電話が来た。これは私の創作だと答えるとガッカリされて電話を切られた。私の漫画に興味があるのではなく、自分たちの仕事に手っ取り早く利用したいだけなのだとわかった。

　一般の読者からも連載中、「こういう福祉関係の施設がどこにあるか、漫画の中で具体的に教えろ」というような投書が編集部宛てに来た。本当に知りたいのであれば、自分の住む地域で調べるべきではないかと思った。漫画の読者には「漫画なんだからストーリーに関係なく、ハウツー本のように情報を提供するのが当然だ」という意識があるのだろうか、私が小説家だったらこんな要求はされないだろうと、少し悲しかった。

　ともかく私は『アカシアの道』を「これさえ読めば簡単にわかる認知症解説本」として描く気はなく、登場人物それぞれの過去や未来、悩みや苦しみや救いを描くという、創作本来の形を守った。

　そのために問題が単純化された部分もあるだろうし、追求や表現が甘くなったところもあると思う。それは私の力不足で、漫画というジャンルの弱さではないことは強調したい。

病気や介護を描くのは難しく、描き方に正解があるとは思わない。『アカシアの道』では母子二人だけの愛憎の籠った閉塞感から共倒れしそうになるところに、第三者、これも家族関係に傷ついた少年を介入させて風穴を開けるストーリー展開にした。この展開も「正しい」かどうかはわからないが、当時の私としては精一杯の創作だった。

それから二四年たった。私の母は初期の認知症になっており、介護はこれからが本番だろう。私自身も還暦を過ぎて明日は我が身かもしれない。今なら『アカシアの道』の頃よりリアルな心情を描ける気がするが、怖くて目をつぶっていたい気持ちもある。実生活の自分と漫画家としての自分、どちらもまだ覚悟が足りないが、追いつめられる日は近いかもしれないと思っている。

こんどう・ようこ　一九五七年生。漫画家。作品に『アカシアの道』『夢十夜』など。

難しいと思うから難しくなるんだ

北原佐和子

一六歳でアイドルとして芸能界に入り、その後は女優を続けてきました。女優の仕事は時代劇や舞台も多く、たとえば『水戸黄門』には初代黄門様の東野英治郎さんの時代から出演させていただいています。

ただ、女優の仕事には波があり、何とかしたいという思いから、日本舞踊や三味線などの習い事をしてみたり、スポーツをやったりしてみましたが、気持ちが晴れることはありませんでした。三〇代半ばになってふと立ち止まって考えたとき、アイドル時代から大人のお膳立てで仕事を続けてきて、それに何の疑問も抱いてこなかったことに気づき、恐ろしくなりました。

そうしたとき、二〇代の頃に出会った、四肢に障害のある方のことが思い出されました。その方は雨の中、傘を差しながらタクシーを拾おうとしていたのですが、傘が傾いているために雨が直接当たっています。車の中からその様子を見ていた私は居ても立っても居られなくなり、声をかけて車に乗っていただき、ご自宅までお送りすることになりました。お話をうかがうと、「自分はこのような体だけれど、週に数日、地下鉄を乗り継いで神田まで仕事に行っています。往復に時間がかかるので、働いている時間は正味二、三時間です」とおっしゃり、車に乗り込むときも降りるときも私の力を借りようとしません。

自尊心を持ち、自分でできることは自分ですることの大切さを、その方から教えられたように思います。でも、私はどうなのか。自分のことを自分で決め、自分でやれているのか——。

この出逢いが福祉に興味を持つきっかけとなり、悩んだ末に決心して、二〇〇五年、四一歳のときにヘルパー二級の資格を取り、芸能活動を続けながら、介護士として認知症対応のデイサービス施設で働き始めました。そして、二〇一四年に五〇歳で介護福祉士の資格を、二〇一六年に五二歳で介護支援専門員(ケアマネジャー)の資格を取りました。現在は特定の施設に勤務するのではなく、学研ココファンさんの高齢者施設を定期的に訪問して、利用者さんとの交流活動を行っています。

介護の仕事には女優の経験が生きています。言葉だけでなく、表情からもその方の心情を汲み取る。または役作り同様その方の背景を知り人生観を知ろうとすることはコミュニケーションを取るのに役立っています。それから、女優の仕事を活かして始めたのがてぬぐい体操です。舞台では、初日に座長さんにご挨拶にうかがうと、てぬぐいをいただくのですが、そうしたてぬぐいがたくさん貯まってタンスのこやしになっていました。そろそろ捨てなくては――そう思っていたとき、てぬぐいを使ってデイサービスの利用者さんに体操をしていただくことを思いつき、実践しています。てぬぐいには里見浩太朗さんや淡島千景さんなど、ご高齢の方々にとってなじみが深い俳優さんのお名前が入っていて、誰のてぬぐいなのか、みなさん興味を持ってくださいます。

ケアマネジャーの資格取得のきっかけは、ケアプランがパターン化しているようで、一人ひとりの高齢者に即しているのかに疑問を感じたからです。また、要介護の高齢者はなにがしかの病気をもっていることも多く、ケアプランを立案するうえでも医療の知識が必要だと気づきました。ケアマネジャーは介護の現場における多職種連携の要ですが、医療の知識があれば医師に利用者さんのニーズを伝え、より適切なケアプランを作成することができるのでは、と。

そこで一念発起、准看護師を目指して二〇一八年から勉強を続けています。女優の仕事では、次の長セリフを覚えるために、カットがかかったセリフはすべて忘れてしまうようにしているのですが、准看護師の資格試験に合格するためには知識を蓄積していかなくてはならず、なかなかたいへんです。

私が目指す理想の介護は、利用者さんに楽しい日常を過ごしてもらえるようにすることです。そのためには、ご本人の現存能力を奪わないようにすることが大切です。

以前こんなことがありました。大阪から東京に引っ越してきたばかりのご高齢の女性が、私の勤めるデイサービス施設に通うことになりました。その方については、脳梗塞の後遺症で、手に障害があることは把握していましたが、どれくらいの動作、作業ならばできるのかなど、詳しい情報はありませんでした。

ある日の手作業の時間、その方がはさみを使えるのかどうか分からなかったので、近くにさりげなくはさみを置いてみました。そうすると、問題なくはさみを使って布を切り始めたのです。帰る時間になり、その方は涙を流しながら、「家では、危ないからと、娘にはさみを使わせてもらえません。今日は何年かぶりにはさみを使うことができて、とてもうれしかった」とおっしゃいました。自分でできることは自分ですること、それが自尊心の回復につながります。ただ、危険を避けようとする娘さんのお気持ちも分かります。ご家族にどう関わるのかも課題です。

介護の現場では人間北原佐和子として存在することができます。そしてそれは、私をあたたかく受け入れてくださる利用者の方々のおかげです。あたたかい時間をつくりだしているのは、介護する側ではなく利用者さんの側だと私は思っています。

女優として駆け出しの頃、大先輩の杉良太郎さんから、「難しいと思うから難しくなるんだ。難しいと思うと、スタートラインではなく、マイナスの位置に立ってしまう。素直にやってみようと思うことでスタートラインに立つことができるんだ」とアドバイスをいただきました。ついつい「難しい」と思ったり、口に出したりしてしまいがちですが、介護の仕事も准看護師の勉強も、「難しい」と言って逃げることなく、そして謙虚な気持ちで取り組んでいきたいと思っています。

きたはら・さわこ　一九六四年生。女優、介護福祉士、介護支援専門員。著書『女優が実践した介護が変わる魔法の声かけ』。

真のプロの育成こそが認知症ケアには必要

関口祐加

『毎日がアルツハイマー』(二〇一二年)、『毎日がアルツハイマー2～関口監督、イギリスへ行く編』(二〇一四年)、『毎日がアルツハイマー ザ・ファイナル～最期に死ぬ時。』(二〇一八年)を製作・公開してきました。一人暮らしをしていた当時七九歳の母の異変を感じ、それまでの二九年間のオーストラリアでの生活を畳み、横浜の実家で生活を始めたのが二〇一〇年。その年の五月に母はアルツハイマー型認知症と正式診断され、それ以来、在宅介護をしています。母はいま八九歳で、「寝たきりの新入生」になりました(笑)。

なぜ母親のことを撮ったのか。認知症の肉親の言動を世に公表するなんて、と普通は躊躇するかもしれません。でもシリーズ作品を一つでも見てもらえばわかると思うのですが、母は魅力的なんです。私は映画監督ですから、面白い被写体に惹かれる。

実は私はずっと母のことが苦手でした。良妻賢母を演じてきたような人で、家事に手を抜かず自分にも厳しく、プライドは高くて、まして母の願いに反して映画監督になって好き勝手に生きてきた私には、とりつく島がない人だったのです。でも認知症が始まった母は、とても正直で、それまでの仮面を被《かぶ》ることができなくなってきた。怒りの感情を爆発させても、好ましく思えたのです。自分でも意外な展開でした。

このシリーズを通して、私が娘であると同時に、「監督目線」で母を観察しながらケアをしていることが大きな強みになっていると思っています。たとえば母が苛立ち、「ここを誰の家だと思ってるんだ」と私に対して怒ったりする。でもそのときに自分が同じように感情的になって、「私もお母さんのために考えてやっているんだから、わかってほしい」と自分をアピールすると、母をさらに興奮させることにならないでしょうか。私は母と会話しながらビデオを廻しているので、頭の半分は常に「この場面は、後でどうまとめようか」と編集時のことを考えている。そのことがお互いにとって良いのだと実感しています。私は「以前のお母さんに戻ってよ」などとはまったく思っていません。実は、この第三者的な視点は、介護には必要なものだと考えています。

三作それぞれトーンは異なるのですが、どれも撮り続けた映像を編集していく過程で、特に第一作目は、もっと幾らでも深刻に、重たいバージョンに仕上げることもできたと思います。でも私は毎日の生活で笑えるところや、認知症のおかげで仮面を捨て去った母の言動や行動こそが面白いと思い、そこを強調した作品に仕上げています。「認知症の人というのはこうですよ」という一般的な概念をぶち壊したい、いわゆる教育映画にはしたくない、と考えたんですね。

認知症の人たちは、みんなとても個性的です。当然ですね、それまでそれぞれ違った人生を生きてきたのですから。認知症になっても十人十色。でも歳をとって介護される存在となった途端に、世話をする側の目線・主観で、「難しい人」とか、その人をジャッジしてしまう。おかしいと思いませんか？　介護をする上での主役は誰なのか？　もちろん介護される側が主役なのです。そして問題があるとしたら、すべて我々介護する側にあると考える必要がある。認知症ケアのあり方を突き詰めたくて、二作目ではイギリスに飛び、「パーソン・センタード・ケア」(ＰＣＣ)という考え方を学びました。ＰＣＣは、介護される側のニーズに応えるために、人生や性格など、まずトータルにその人を分析／理解し、そこから本人に特化したケアを導き出します。私は、このアプローチを知って以来、母のケアにはＰＣＣを徹底してきました。

一方、日本の現状はどうでしょうか。これまで多くの介護福祉士さんや看護師さんたちに在宅ケア・チームの一員として自宅に来てもらっていますが、疑問もあります。どうも、自分たちの目標達成やマニュアルに縛られているのではないか。「良かれ」と思ってやっているのはわかります。でも私が「今日の母には無理させないで」と理由を付けて説明しても、「今日はお母さんは、これこれの行動ができました」「出したものを全部食べられました」というような能力の達成度を最優先にする。本人の日々の調子よりも、いかにバイタルサインを安定させるかに偏っていると感じられるのです。介護の「プロ性」とはどういうことでしょうか。身体面のケアだけではなく、精神面でのケアはどのくらい大事にされているでしょうか。

最近私は、認知症は日本にとっての大きな福音だ、と講演で話しています。認知症の人たちのそれぞれ個別のケースをしっかりと理解し、ケアをすることができる。自分の頭で考え、行動することができる。周囲と共有し、ディスカッションができる。そういうことが認知症のケアには、とても重要です。たとえ理解できない言動をとる人がいても、自分の価値観で動かそうとせず、冷静にその理由を分析することができる。そう、認知症ケアは、高度で難易度が高いスキルなのです。

私も五年前に先天性股関節変形症で手術を受け、身体障害者で要支援の身になりました。いつまでも若くない。老いは、確実に訪れている。最近は、自分の終末期をどう迎えるかを真剣に考えています。三作目で撮影した、安楽死や自死幇助を助けるスイスの団体の会員にもなりました。自分の死を自分で選択するというオプションを持つことに意義があると思い、息子ともオープンに話し合っています。家族にオープンにし、了解を得ることが自死幇助の条件ですからね。介護においても家族は、〈終わりなき介護〉と考え絶望するよりも、〈終わりからの介護〉と考え、死をしっかりと見据え、準備をすることが必要だと強く思っています。

関口宏子(一九三〇―二〇一九)享年八九歳
二〇一九年一〇月一日午後三時二六分、自宅にて逝去。同日、最新作『毎日がアルツハイマー・スピンオフ』の撮影を終えた直後だった。最期まで自身の在宅の意思を貫き、また「主演女優」としても全うした。誠にあっぱれな最期であった。(筆者)

せきぐち・ゆか　一九五七年生。映画監督。作品に「毎日がアルツハイマー」シリーズの他に、『戦場の女たち』『THE ダイエット!』など。現在『毎日がアルツハイマー・スピンオフ』を製作中。　©野間あきら

亜由未の笑顔

坂川裕野

重度の心身障害者である妹の亜由未《あゆみ》を初めて介助したのは、番組作りのためだった。きっかけは二〇一六年七月に起きた相模原障害者施設殺傷事件。「障害者は不幸を作ることしかできない」と言った施設の元職員・植松聖《さとし》の言葉を、自分の家族の姿をもって否定しようと企画書を書いた。妹の日常と家族の声を撮るだけのつもりだった僕に、上司が追加提案したのが「一カ月間妹の介助をすること」だった。初めて経験する介助を通じて、僕自身の内面にも何らかの変化が芽生えるはずだと言われたが、何ら想像がつかなかった。

幼い頃から亜由未が介助される姿を間近に見てきた僕は、一通りの手順さえ覚えれば造作ないものと考えていた。しかし、見るとやるとでは雲泥の差。抱きかかえること一つとっても覚束ない。経管栄養に体位交換、天気がいいときは散歩をするなど、やるべきことが次から次へと押し寄せて、時間とたたかいながら毎日を過ごした。母やヘルパーさんが側についてアドバイスをしてくれたが、亜由未と二人きりであれば二日ともたなかっただろう。介助は熟練の技であり、共に時間を重ねていく中で初めて亜由未も信頼して身体を任せることができるのだ。そう悟るまでに時間はかからなかった。

介助の日々を撮り進める中で番組の核に据えようと考えたのが、亜由未の「笑顔」だった。昔からよく笑う妹だったが、とりわけヘルパーさんと一緒にいるときは息をするようにゲラゲラ笑っていた。笑顔は幸福を連想させる。振り返ればあまりに安易だが、「介助を通じて妹が笑うようになった」という筋書きを思い浮かべた僕は、そこから抜け出すことができなくなった。ギターを弾いたり、散歩道を駆けたり、ネットの動画を一緒に見たり。亜由未が楽しめそうなことを介助の合間を縫って試していった。

しかし、亜由未は頑として笑顔を見せようとはしなかった。

悶々とする僕を見かねた母が、亜由未の気持ちを代弁するように言った。「笑っている顔ばかり求められると、幸せじゃなきゃ生きている価値がないみたい。結果的に笑顔だったたっていうことと、笑顔を求めることは違うから」。ハッとした。植松聖が障害者に「不幸」というイメージを植え付けようとしたように、僕も亜由未に「幸せ」のレッテルを貼ろうとしていたのだ。幸・不幸のいずれかで語れるほど、人の人生は単純ではない。それは障害があってもなくても同じことだ。そんな当たり前のことを、亜由未は笑顔を作らぬことで僕に訴え続けていたように思う。

ところで、なぜ両親は、兄の僕に亜由未の介助をさせないようにしてきたのだろうか。

その訳を聞くと、障害者をきょうだいに持つ知人のことを教えてくれた。学生時代に出会ったその人は、きょうだいの面倒を見るという理由で、将来は結婚しないと決めていた。「結婚を諦めるのはただ事ではない」と両親は考えたそうだ。亜由未を理由に結婚できないとなれば、兄である僕は亜由未を恨むかもしれない。それは、僕と亜由未お互いにとって辛い。それを避けるために、僕が望まない限りは介助を頼まないようにしてきたのだという。

無論それが正しいと言いたいのではない。障害者ときょうだいとの関係は個々に違っていていいし、どれが正解ということはないはずだ。事実、亜由未の介助を押し付けないと決めていた母が撮影中に「もっと早くやってもらえばよかった」と僕に言ったように、その時々の選択が正しいかなんて当人にもわからない。結婚を諦めたから人生が不幸だとは限らないし、そもそも他人が決めたり、とやかく言ったりすることではないはずだ。

でも仮に、「障害者の介助は、親やきょうだいがやって当然だ」という昔ながらの社会に戻ってしまったらどうだろう。障害者の家族が背負う不幸のイメージは一層強固になり、孤立を深めてゆくはずだ。そんな社会に最も苦痛を感じるのは、介助を受ける当事者だろう。「介助は手間で、あなたは社会のお荷物だ」と突きつけられる苦しみは、想像を絶する。

取材中、母は「亜由未を「お荷物」ではなく「お神輿《みこし》」のようにしたい」と話していた。担いでいるときは重たくても、大勢の人が関わってくれれば交代できる。一人の力だと動かないかもしれないけれど、力を合わせれば進んでいく。担ぎ終えると楽しい経験として思い出に残る。他の仕事をしながらでもいいから、時々でも担ぎに来てくれる人がいればいい。番組で、間抜けな介助の様子を晒した僕も、担ぎ手の一人として亜由未の暮らしを見守るつもりだ。

社会保障費は膨れ上がり、介助者は慢性的な人手不足。暗い話題が世間を覆う。しかし、そんな今だからこそ「お荷物」ではなく「お神輿」として、皆で担いで進んでいくための知恵と工夫が求められている。皆が担いでくれるから、亜由未は笑顔でいられるのだ。

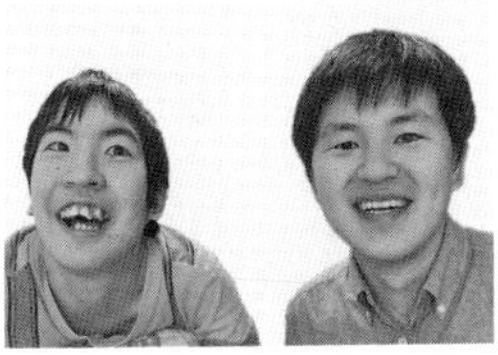

さかがわ・ゆうや(右)　一九九〇年生。NHKディレクター。著書『亜由未が教えてくれたこと――〃障害を生きる〃妹と家族の八八〇〇日』。

ケアをめぐる記憶や想起について

天田城介

私が、家族の立場から祖母の介護に、ボランティアとして障害者介助に、大学病院の看護助手として病や障害を生きる人たちの看護に関わっていたのは一九九七年ぐらいまでなので、それからすでに四半世紀近い時間を重ねつつある。あれだけ毎日が介護／介助で染められていた日常からずいぶん時を数えたからであろうか、今日ではいびつな形で加工・編集・消去・圧縮された様々な記憶がモザイク状に絡まりながら、つい最近の出来事のように感受されたり、ふとしたことでかすかな記憶がこれまた様々な「化粧」を施されて頭をよぎったりするが、それでも何となくケアをめぐる記憶や想起の多寡・濃淡・強弱・距離のバランスはそれなりに保たれている。

二〇〇〇年以降は、三人の子どもが生まれてからはほとんど育児や子育てに追われる毎日となった。だが、壮絶なバトルで日々疲労困憊し、否応にも鮮明に記憶に刻み込まれた子育てからも、あと数年で(たぶん)完全に自由になる。その意味では、育児や子育ても終わりつつある。あれだけ周囲を巻き込んでドタバタ劇を繰り返した現実の記憶は鮮烈だが、その記憶や想起をめぐる多寡・濃淡・強弱・距離はひどくいびつでアンバランスだ。

経験からどれだけ時間を重ねているかも関係するだろうが、それよりも、どのような立場・距離・文脈であったのかによって、その後の記憶や想起のあり方は形作られるのであろう。

一〇代後半から二〇代半ばにかけて、実家で認知症の祖母の傍らにいて、お茶を飲みながら昔話などを聞いていた。認知症が重くなると、風呂を沸かしたり、食事の配膳をしたり、部屋を掃除したり、トイレに連れて行ったりした。母が祖母を介護するのを横目で見ながら、母の不在中は祖母とともに時を過ごした。祖母は、私に不安そうな表情で「足りないけど、これでパンでも買いなさい」とティッシュペーパーに包んで一〇〇〇円札二枚をそっと手渡してくれるのだが、その数分後には気前のよさをみせながら「これでお昼でも食べなさい。おつりはとっておきなさい!」と一〇〇円玉を渡してくれたりもした。当時、学校に辟易していた私は、そんな祖母のチグハグ・デコボコ・トンチンカンな現実がモザイク状に織りなされる日常が心地よかったが、そのように感受できたのも母のように「介護」の立場に立たされていなかったからだ。孫と祖母という立場・距離もそうだが、何よりも、認知症に苦悩する祖母と寄る辺なき日々を生きていた私が身を寄せ合うことができたことが、四半世紀経った今でも、モザイク状でありながらもそれなりにバランスのとれた記憶や想起のあり方をもたらしてくれているのであろう。逆に言えば、それまでも、その時も、そしてその後も私は圧倒的にお気楽で能天気な立場にいたのだ。居座ることができたのだ。いわば私には「ケアの日常の只中で、ケアから離れることができる自由」が特権的にあったのだ。ケアの現実に呪縛・拘束されていた祖母や母とは全く違った世界で生きていた。

一〇代後半からはじめた大学病院の夜間の看護助手の仕事もそうだ。週三・四回、午後一〇時から翌朝八時までの夜勤に入っていたが、アルバイトの「看護助手」の立場であったので、「ケアの日常の只中で、ケアから離れることができる自由」にあった。(他の看護助手の方はそうではないが)私はここでもお気楽・能天気な立場にいた。実際、看護師の人たちはALS(筋萎縮性側索硬化症)患者さんのナースコールにバタバタと走り回り、仕事をこなし、家族に対応し、頻繁にカンファレンスをしていた。医師などの各種専門職スタッフ特有のしんどさを抱えていた。そんな日常を私は傍目から見つめていた。脳腫瘍の患者さんがリハビリ前にふとため息をつく。ALSの人たちが文字盤を通じてまなざしで訴えてくる。認知症の高齢女性が必死に生きようと格闘している。その只中にいながら、私は勤務が終われば容易に離れることができたし、病院とは違う世界を生きる自由があった。そして、看護助手に就く前も、就いた時も、そして職を離れたあともずっと能天気な立場にいたのだ。患者と看護助手という関係・距離もそうだが、何よりも大学病院という空間と看護助手という立場に守られる中で私は病を生きる人たちとやり取りすることができた。それが、今でもそれなりに秩序だった記憶や想起をもたらしてくれているのだと思う。

ところが、育児や子育てでは、おそらく子どもたちにとってはほとんど記憶されていないような出来事が、鮮明に、そしてスポット的かつアンバランスに想起されるのである。真夏の朝に子どもを自転車に乗せてダッシュで送り出した日々。夜中に何度も高熱を出して、救急外来に駆け込み、診察待ちをしている間に気絶したように深い眠りについて飛び起きた過去。何に／誰に対して、なにゆえあんなに猛烈に苛立っていたのかもいまでは思い出せないが、どうにも処理できないジリジリした感情を抱えながら、それを抑え込むためか、夜中に洗濯機を回した時間。子どもたちの記憶もまだらで、とぎれとぎれで、その強弱も濃淡も彩りも鮮やかさも様々で、あちこちに拡散している。言語化できない感情と絡みつきながら記憶と想起が立ち上がっていく。戸惑いや困惑や苦悩と葛藤、そして喜びや怒りや悲しみなどの感情の記憶とともに出来事が想起されていく。その記憶や想起はどこかで私に自由を許さない。その意味で私はいまだ呪縛されているといってよい。

ことほど左様に、私たちのケアをめぐる記憶や想起は、その只中でどのような立場・距離・文脈にいたのかに依存して形作られているのであろう。そして、当事者や家族にとっての現実は「ケアの日常の只中で、ケアの日常から離れることができる自由」をどこかで許さないものであるがゆえに、私たちの記憶や想起さえも拘束し続けるところがある。私たちのケアをめぐる記憶や想起が、どこかで気恥ずかしさや痛みや切なさをともなうのは、そんな不自由さゆえであろう。

今度は私が、両親をめぐる介護／介助を抱えることになるだろう。おそらく私は徹底的に不自由であるがゆえに、その只中でも、それが終わったあとでも、きっと不自由さを抱えざるを得ないに違いない。ケアをめぐる記憶や想起にはそんな面倒なものが随伴するのだ。

あまだ・じょうすけ　一九七二年生。社会学者。中央大学教授。著書『〈老い衰えゆくこと〉の社会学』『老い衰えゆくことの発見』ほか。

思い出すことなど、介助その手前で

杉田俊介

こんな子どもと出会った。産まれてまもなく、脳死の状態になって、そのまま病院の新生児集中治療室（ＮＩＣＵ）の中でずっと暮らしていた。声を出すことも、随意に四肢を動かすことも、目を開くこともなかったが、体の方はすくすくと大きくなっていった。病院スタッフの医療・支援体制が素晴らしく、何より、お母さんが懸命に、ていねいな慈しみをもって、世話や介護をしていた。たん吸引や呼吸器管理、鼻腔からの経管栄養の仕方も学び、定期的に病院から家族のもとへ一時帰宅できるようになった。

病院から自宅までの送迎の仕事を通して、その子と出会うことができた。お母さんが簡易呼吸器、通称バクバクを使いながら、移送用の車両に、その子の大型のストレッチャーを運びこんだ。

脳死を人の死とみなすかどうか。それについては、様々な——医学的・法的・生命倫理的な——考え方があるだろう。しかし、実際にその子の安らかな顔を目にして、その温かい体にふれてみると、その子が生きているという当たり前の事実、ありふれた生の輝きに、何の疑いもなかった。

なんてかわいいんだろう。日常語としての「かわいい」という言葉の意味が、深く強く革められてしまうような。もしもこの地上に仏さまがいるのなら、こんな顔かもしれないな。

私は職場のＮＰＯで、様々な重症心身障害児や難病の子どもたちを知る機会をもった。そういう子たちを生かすことに、何の意味があるんだろう。無駄ではないか。枯れ木に水を上げるようなもので。そんなことに貴重な税金や社会資源を投入するなら、もっと効率的に、多くの人を救えるはずだ（最大多数の最大幸福）。――そんな非難や皮肉を耳にしたのは、一度や二度ではなかった。

けれども、具体的なケアの経験の中では、社会的な価値・コスト・幸福感などの基準がよくわからなくなっていくのだった。生かされるべき命の線をどこかに引くことも、何かを決定することも、うまくできなくなっていく。むしろ、他人の命を選別しうると傲慢にも思いこめる私たちの足元が、深く深く、問い直されていくのだった。

あたかも、その子たちをケアし支援する側であるはずの私たちこそが、その子たちの命の光によって、深いところから支えられ、ケアされてしまっているかのように。その子たちの命こそが、この社会の、この世界の、新しい光になっているかのように。

その子は二歳になる前に亡くなった。お母さんは、その子と一緒に、遊園地の観覧車に一度だけ乗れたことを、とても喜んでいた。そしてこの世界があの子を失ったことの哀しみが、ほんのわずかに知り合っただけのこの私の中にも、ぽつんと残された。

なぜ切ないのだろうか。哀しいのだろうか。私たちは産まれて数カ月、数日で死んでしまう子どもは「かわいそうだ」と感じる。悲惨だと。憐れだと。それればかりか、重い障害や病を背負った子どもを産むことは、親のエゴであり、生かすことはかわいそうだ、という残酷な非難すらしばしばなされてきた。

けれどもなぜ憐みを覚えるのか。よく考えれば、それは決して自明なことでも、当たり前のことでもないのかもしれない。生きた時間が極端に短かったからだろうか。この世界の様々なことを経験できなかったからか。同い年の友達もいず、恋も出産も知らないまま、死んでしまったからなのか。

しかし、誰かの人生をかわいそうだと感じるその私自身も、じつは、大して変わらないのではないのか。たとえば寿命が一万年の知的宇宙生命体からみれば、二歳で子どもが死ぬことと九九歳の老人が大往生することに、大した違いもないだろう。この私も結局、遅かれ早かれ、無意味に無価値に無意義のままに死んでいく。存在しなかったも同然のまま消えていく。私が愛した者も、その人が愛した人も、いずれは消えていく。平等に。大した違いもなく。ならば同じではないか。生の価値は平等ではないか――もしもその人がその人なりの命を丸ごと生ききったならば。もちろん、こんなことを深刻に考えるのは馬鹿げている。つまらない感傷、欺瞞にすぎない。しかしひとたび、この世の平等とは何かについて考えていくと、誰もが、いちどは、そういう非人間的で極端なところから、自分の命の意味を、感傷や欺瞞とすれすれのところで、根本的に問い直してみるほかなくなるのではないか。その子の生命とこの私の生命は完全に対等であり、平等である――それならば、そういう非人間的で惑星的な平等性において、様々な特権や幸運に恵まれて産まれてきたこの私が、この地上の様々な社会的・制度的・法的な不公正について、非正義について、この身体によって考え続けていくとは、どういうことなのか。日々の雑務に擦り切れながら、何もかもが鈍麻し鬱屈していく中で、あの子の顔、あの子たちの顔とともに、今もときおりふと、そんなことを考える。

すぎた・しゅんすけ　一九七五年生。批評家。著書『非モテの品格』『相模原障害者殺傷事件』（共著）。

介護の現場──言葉の限界と可能性

永田和宏

いったん家のなかに病人が出たとき、家族と言えど、あるいは伴侶と言えど、その互いの思いを伝えあうことが思いのほかむずかしいということに気づかされる。家族だから、伴侶だから、自分の思いは伝わっているはずだと思っているところから、ときに抜き差しならない感情の行き違いが起り、それが絶望的なまでに互いの感情を傷つけあってしまうといったことが、看護、介護というシビアな現場であるだけに抑制が効かず噴出してしまいやすい。

本書の趣旨と少し違うかもしれないが、私自身の経験から、そのような介護の現場における言葉の限界と、にもかかわらず言葉による思いの伝達の可能性について述べてみたい。

私の妻は河野《かわの》裕子《ゆうこ》。歌壇的には与謝野晶子以来という言葉で紹介されることの多い歌人であった。私も細胞生物学の研究者であるという一面のほかに、若いときから歌を作り、歌人としての方が一般には知られているかもしれない。

河野裕子に乳癌が見つかったのは、二〇〇〇年九月、彼女が五四歳のときであった。二〇一〇年八月に亡くなるまで、その一〇年のあいだに家族が経験したさまざまについては、『歌に私は泣くだらう——妻・河野裕子　闘病の十年』(新潮文庫)としてすでに出版されているので、そちらをお読みいただけるとありがたい。

河野は、細かいところにはこだわらず、大胆なことも平気で言ってのけるような、男なら豪放磊落と言いたいような性格であった。好きなことを言っていながら、人を惹きつけてしまうといった不思議な魅力を持った存在でもあった。反面、結婚以来、私への依存度は時に閉口するほどに大きく、その日着ていく着物や帯の選択まで私に尋ねるといった側面もあり、私が大丈夫と言えば、それだけで安心して何でもできるという風であった。

手術・退院を経て、私が河野とどのように接するかは、私には大問題であった。河野の乳癌のステージから考えて、転移、再発という可能性は否定できない。私の初期の研究は癌に関わっていたこともあって、医師ではないが癌に関する知識は一般の人よりはあるだろう。河野も当然、私を頼りとし、私の反応を敏感にキャッチするはずである。私の動揺は彼女の精神面に大きな影響を及ぼすことは、それまでの経験から痛いほどにわかっていた。

自らの不安を彼女に気づかれないこと、これが何より重要なことであった。意地でもこれまでの生活を変えないこと、これが彼女を安心させることにつながる。彼女と一緒に悲しんだり、再発の不安を言いあったりすれば、河野が精神的に崩れてしまうことは目に見えている。

河野の手術前と同じように大学へ行き、これまでと同じように研究で遅くなるという生活を続けていた。河野自身も、以前と同じように原稿を書き、選歌をし、そして多くの講演に出かけていた。大丈夫だと、少なくとも私は考えていた。

河野に精神的に不安定な兆候が見え始めたのは、手術から一年ほど経った頃だっただろうか。しきりに身体の変調を訴えるようになった。手術をした痕の線維化により肩こりがひどかったが、加えて食欲の無さや不眠、それらを執拗に、毎晩のように訴えるようになった。

実はそれが、彼女のSOSだったのだと気づいたのは後になってからであった。その頃の彼女の歌に、「『風呂の蓋洗ひながら歌ふ歌もなし夫《つま》や子遠し彼ら働く」(『葦舟』)という一首があるが、自分が癌のために不調を抱え、十分な活動もできないのに、夫や子はこれまでと同じように能天気に外へ出て働いている。誰も自分の悲しみ、不安に寄り添ってくれない。それは置いてきぼりの孤独と疎外感だっただろうか。


今ならばまつすぐに言ふ夫ならば庇つて欲しかつた医学書閉ぢて　　河野裕子『庭』

私には辛い歌である。乳癌の最先端の治療法などを文献で調べ、彼女を安心させるべく努力していたが、ほんとうに彼女の望んでいたのは、そんなことではなかったのだ。手術の痕に触れて、肩を抱いて、一緒に不安を悲しんでほしかった。

君よりもわれに不安の深きこと言うべくもなく二年を越えぬ
平然と振る舞うほかはあらざるをその平然をひとは悲しむ

永田和宏『後の日々』

不安は私のほうにより強かったのだろうと思う。だが、それを彼女に感染させれば、その動揺と不安に彼女は耐えられないだろう。なんということはないと、平気を装っていたのだが、それが彼女を、自分の苦しみをわかってくれないという思いにさせていたのである。

私の近くにいた、ある女性を巡って彼女が爆発したのもその頃のことであった。私に何もないことは彼女自身がもっともよくわかっていたはずだが、自分が家で苦しんでいるのに、夫は外で女性たちと笑いあっている。嫉妬でもそれはあったのだろう。一時は家のなかが、さながら地獄のような様相を呈したことも事実である。

この人を殺してわれも死ぬべしと幾たび思ひ幾たびを泣きし

永田和宏『夏・二〇一〇』

河野が亡くなってからの歌であるが、そのような場面が幾たびかあった。睡眠薬の副作用もあったのだろうが、朦朧としながら、私を責め続ける攻撃性を、どのようにも止めることができなかった。辛かったのは、そのようなことを彼女自身、まったく覚えていないだろうということだ

ったが、ある時、

あの時の壊れたわたしを抱きしめてあなたは泣いた泣くより無くて　河野裕子『葦舟』

という一首を見て、ほんとうに驚いた。救われたという気がした。あんなに朦朧と攻め立てていたのに、自分のその行動を覚えていてくれたのだということに救われたのである。知り合いの精神科医によるカウンセリングの効果もあったのだろうか、次第に発作的な攻撃性が影をひそめていくようになった。

二〇〇八年、手術から八年が経ち、ようやく家族が一安心と思っていた矢先に、転移が見つかった。再発と聞いて、彼女がまた不安定になるのではないかと怖れたが、再発のあとはむしろ驚くほど平静であった。それまでに己の死というものと正面から向き合い、時に爆発させ、家族を巻き込みながらも、彼女は、やがてやって来るかもしれない己の死というものへの準備をしていたのだろうか。

死なないでとわが膝に来てきみは泣くきみがその頸子供のやうに　河野裕子『蟬声』

今度は私のほうがめろめろになってしまった。強がりを捨て、自分の不安、悲しみを彼女にぶつける。してはいけないことと自制してきた、その余裕がなくなって、彼女に訴えかけるようになったのを、むしろ喜んでいたのが河野裕子であった。やっと自分と同じように悲しんでくれるようになったという思いであったのだろうか。

介護をする側が己の規範を絶対視するのではなく、介護をされる側と感性の純度を同じにすることの難しさ。同じ感性で病気を受け容れることの難しさ。しかし、それこそが病人にとっての最大の安心であり、勇気づけられることであることに気付いたのは彼女の死ののちであった。そんな慚愧の念は、河野裕子が最後に私に残してくれた一首を読むとき、いっそう私を切なくも悲しく思わせるのである。

手をのべてあなたとあなたに触れたきに息が足りないこの世の息が　　河野裕子『蟬声』

ながた・かずひろ　一九四七年生。歌人、細胞生物学者。京都産業大学総合生命科学部教授、京都大学名誉教授。一九九二年より二〇一四年まで「塔」短歌会主宰。主要歌集『風位』『夏・二〇一〇』、著書『歌に私は泣くだらう』『タンパク質の一生』ほか。

私にとっての介護――生きることの一部として

2020年1月24日　第1刷発行

編　者　岩波書店編集部

発行者　岡本　厚

発行所　株式会社　岩波書店
〒101-8002　東京都千代田区一ツ橋2-5-5
電話案内　03-5210-4000
https://www.iwanami.co.jp/

印刷製本・法令印刷

ISBN 978-4-00-061384-2　　Printed in Japan